Beat Schmocker

Paula Lotmar und die Professionalisierung der Sozialen Arbeit

Beat Schmocker

Paula Lotmar und die Professionalisierung der Sozialen Arbeit

Zur Aktualität einer Wegbereiterin für Ausbildung und Theorieentwicklung

Verlag Barbara Budrich
Opladen • Berlin • Toronto 2024

Bibliografische Information der Deutschen Nationalbibliothek
Die Deutsche Nationalbibliothek verzeichnet diese Publikation in der Deutschen Nationalbibliografie; detaillierte bibliografische Daten sind im Internet über https://portal.dnb.de abrufbar.

Gedruckt auf FSC®-zertifiziertem Papier, CO_2-kompensierte Produktion

ISBN 978-3-8474-3075-9
eISBN 978-3-8474-3209-8
DOI 10.3224/84743075

Umschlaggestaltung: Bettina Lehfeldt, Kleinmachnow – www.lehfeldtgraphic.de
Titelbildnachweis: lehfeldtmalerei.de
Satz: Angelika Schulz, Zülpich
Druck: Books on Demand GmbH, Norderstedt
Printed in Germany

Inhalt

Prolog

Wenn in meinem Seminar zur Geschichte der Sozialen Arbeit jeweils von den international bekannten Pionierinnen, z.B. den amerikanischen Jane Addams und Mary Richmond, der deutschen Alice Salomon oder der österreichisch-ungarischen Ilse Arlt (vgl. PV, S. 111) die Rede war, stand häufig die Frage im Raum: Und, wer sind denn die schweizerischen Pionierinnen der Sozialen Arbeit? Welche wegweisenden Entwicklungen für die Soziale Arbeit, für ihre Lehre oder ihre Praxis, haben ›unsere‹ Avantgardistinnen angestoßen?

Einige Studentinnen stellten 2002 dann eigene Recherchen an und stießen auf die Gründerinnen der Schulen für Soziale Arbeit in der Schweiz, Maria Croenlein in Luzern, Marguerite Wagner-Beck in Genf und Mentona Moser, Maria Fierz und Marta von Meyenburg in Zürich. Doch sie gaben sich nicht zufrieden; das seien lediglich Pionierinnen im Bereich der Schulgründungen, aber noch keine Avantgardistinnen der Theorieentwicklung der Sozialen Arbeit.

Und als dann einige noch tiefer gruben, fanden sie eine vage Spur. Sie machten eine Laudatio auf eine gewisse *Paula Lotmar* aus Zürich ausfindig. Die sei ab den 1960er-Jahren für die Schulen der Sozialen Arbeit außerordentlich bedeutsam gewesen, habe auf internationaler Ebene durchaus mitgehalten und dort wichtige Beiträge für die Entwicklung ihres Faches beigesteuert. Und sie sei damals – dieser Laudatio nach – die wohl interessanteste, anregend klügste und wichtigste Fachfrau der Sozialen Arbeit in der Schweiz gewesen. Ihre gelehrten, lebensklugen und kultivierten Texte hätten von ihrer gründlichen wissenschaftlichen Bildung gezeugt. Vor allem aber würden Generationen von Studierenden ihrer Lehre und Lernbegleitung beruflich nahezu alles verdanken.

Und meine Studentinnen fragten mich, weshalb sie von dieser Paula Lotmar nichts zu wissen bekämen; ob sie denn wenigstens *mir* bekannt sei.

Tatsächlich bin ich Paula Lotmar zu Beginn meines Studiums an ›ihrer‹ Schule in Zürich lediglich wenige Male persönlich begegnet. Aber wir kamen nicht zusammen; zwischen uns lagen ›Welten‹. Für sie war es das Ende einer langjährigen, förderlichen und ertragreichen Lehrtätigkeit. Für mich war es der Beginn einer spannenden Reise in völlig unbekanntem Neuland, wozu mir noch jegliche Orientierung fehlte. Was sie mir zu sagen gehabt hätte, konnte ich noch nicht verstehen. Jedenfalls gab es damals einfach keine Veranlassung, mich mit ihr und ihrem Werk auseinanderzusetzen.

Doch auch gut zwanzig Jahre später, als mir die Studentinnen den Ball zuspielten und mich direkt aufforderten, dieser Schweizer Pionierin nachzugehen, sah ich dazu immer noch keine Veranlassung. Auch nicht nochmals ein Dutzend Jahre später, als ich im Rahmen einer Recherche zur Entstehungsgeschichte der internationalen IFSW/IASSW-Definitionen der Sozialen Arbeit (vgl. Schmocker, in: Portmann & Wyrsch 2019:74ff.) auf eine Studie von Paula Lotmar aus dem Jahr 1963 stieß, die sich dieser Thematik annahm. Immerhin führte mir diese Studie, vor dem Hintergrund des damaligen weltweiten Fachdiskurses, aus der dann eine nachhaltige Expertise für eine globale Definition hervor ging, deutlich vor Augen, dass Paula Lotmar mit ihrer Sicht auf die Soziale Arbeit ihrer Zeit weit voraus gewesen sein musste. Nach und nach entdeckte ich sogar einige Spuren ihrer aktiven Teilnahme an diesem Diskurs.

Und als ich weitere Zeugnisse über sie las, konnte ich deutlich erkennen, mit wieviel Liberalität, Weisheit und Nachsicht sie es offensichtlich immer wieder aufs Neue erreichte, die angehenden Fachpersonen der Sozialen Arbeit ›richtig auf die Schiene zu stellen‹ und ihnen den von ihrer eigenen Leidenschaft genährten Funken zu übertragen, mit dem sich manche ihrer Studierenden das Feuer einer starken und tragfähigen Berufsidentität entfachen konnten.

Weil auch dies nicht zum entscheidenden Impuls reichte, mich gezielt mit Paula Lotmar und ihrem Werk auseinander zu setzen, vergingen weitere Jahre, während denen ich noch mit einigen ihrer Wegbegleiterinnen und Zeit-Zeugen hätte sprechen können. Erst 2016 machte ich mich dann gezielt auf eine Spurensuche nach dem Werk dieser Schweizer Pionierin der Sozialen Arbeit.

Dass sich anfänglich nichts finden ließ, das auch nur annähernd auf das ›Große‹ hingedeutet hätte, was Paula Lotmar für die Soziale Arbeit leistete, überraschte mich nicht so sehr: es schien zunächst nur ein weiteres bedenkliches Zeugnis des andauernden ›Unsichtbar-Machens‹ der Leistungen von Frauen zu sein. Bei der Sichtung des Nachlasses von Paula Lotmar musste ich dann allerdings zutiefst erstaunt feststellen, dass sie diesen eigenhändig, übertrieben selbstkritisch, selektiert hatte.

Hingegen machte bereits ein erstes flüchtiges Einlesen in ihre noch zugänglichen Texte (vgl. WV, S. 115) sofort deutlich, dass hier offensichtlich ein Fundus vorliegt, der sich problemlos in den aktuellen Fachdiskurs würde eingliedern lassen. Diese Kostbarkeit wollte ich wenigstens ans Licht holen.

Dennoch: Zwischen dem ersten Appell, den Spuren von Paula Lotmar nachzugehen, bis zum Vorliegen dieses Bändchens, liegt ein viertel Jahrhundert Wegstrecke. Habe auch ich etwa dem ›Matilda-Effekt‹[1], der das Phänomen des Unsichtbar-Werdens der Frauen in der Wissenschaft beschreibt, selbst Vorschub geleistet? Doch selbst wenn nicht: Mit dieser Publikation wäre auch nur ein kleiner Schritt getan. Und ein bescheidener dazu.

Mit dieser Arbeit lege ich weiter nichts als eine Sammlung *meiner* fachlichen Reflexionen und subjektiven Gedanken vor, die bei meiner Spurensuche angefallen sind. Und ich lade die Leserinnen und Leser lediglich ein, mir bei meinen Nachforschungen zur Person Paula Lotmar und ihrem Werk gleichsam über die Schultern zu schauen.

Zudem bin ich weder Historiker noch Biograph. Mich interessiert die theorie-geschichtliche Entwicklung der Sozialen Arbeit. Und in diesem Zusammenhang interessiert mich das Wissen und Schaffen von Paula Lotmar.

Dabei gehe ich diskursiv vor: Ich folge bei meiner Annäherung an Paula Lotmar ihrem eigenen Werdegang, wobei ich einige Schlüsselstellen ›umkreise‹. Wiederkehrende Inhalte lassen sich da kaum vermeiden; allerdings machen die scheinbaren Wiederholungen beim genaueren Hinsehen auch kleinste Entwicklungsschritte im Denken von Paula Lotmar sichtbar.

Bedingt durch mein Vorgehen ergibt sich eine entsprechende Abfolge meiner Aufzeichnungen: Zuerst stelle ich einige biographische Eckdaten von Paula Lotmar dar, gehe dann der damaligen Lebenswelt nach, von der sie geprägt wurde, und beleuchte anschließend ihr soziales Umfeld, das sie später fachlich reflektieren sollte.

1 Die US-amerikanische Wissenschaftshistorikerin Margaret Rossiter nennt das von ihr untersuchte und beschriebene Phänomen der nicht beachteten Wissenschaftlerinnen nach der US-amerikanischen Soziologin, Frauenrechtlerin und Menschenrechtsaktivistin Matilda Joslyn Gage (1826–1898).

Nach dieser ersten Annäherung suche ich ihren eigenen Standpunkt, bzw. die Perspektiven, die sich ihr von diesem Standpunkt aus zur Sozialen Arbeit erschließen; dieser Suche lege ich ein einziges Dokument aus ihrem Nachlass zugrunde.

Schließlich durchkämme ich ihr ganzes, noch vorhandenes Schrifttum, um auf die Spur ihrer Konzeptionen zur Sozialen Arbeit zu gelangen. Dabei orientiere ich mich an den Koordinaten einer zeitgemäßen Handlungswissenschaft. Und deshalb stoße ich dann auch auf eine Auffälligkeit, die bei mir deshalb große Beachtung findet, weil sie ›mein‹ Thema betrifft: die Moralphilosophie der Sozialen Arbeit. Hier hätte ich mich liebend gerne mit Paula Lotmar direkt ausgetauscht; ich bedauere, nie in Erfahrung zu bringen, was sie zu meiner Sicht auf ihren Werte-Hintergrund zu sagen hätte.

Mein Beitrag gegen das Unsichtbar-Werden von Paula Lotmar bleibt dennoch bescheiden. Aber vielleicht finden sich ja studierende Kolleginnen oder Kollegen, die sich mit den gleichen Fragen beschäftigen, wie sie damals in meinem Geschichts-Seminar aufgeworfen wurden, und die dem Wirken von Paula Lotmar forschend nachgehen wollen. Ihnen vor allem sei dieser Text gewidmet.

Luzern, 8. März 2024 Beat Schmocker

1 Annäherung an die Person Paula Lotmar

1.1 Biographische Eckdaten

Paula Lotmar wird als drittes Kind der Familie am 14. Juni 1918 in Bern geboren.

Ihre Geschwister, Bruder Walter (geb. Juli 1908) und Schwester Ruth (geb. Februar 1910), kommen in München auf die Welt.

Ihre Mutter, Olga Selig (1873–1967), stammt aus einer Moskauer Kaufleutefamilie. Sie verlässt um 1900 St. Petersburg, um, wie viele andere Russinnen, in der Schweiz Medizin zu studieren. Sie schließt ihr Studium 1907 mit einem Doktorexamen und einer Dissertation in Bern ab. Danach arbeitet sie als forschende Neurologin bei Alois Alzheimer an der Psychiatrischen Klinik in München. Dem internationalen Fachpublikum ist sie durch ihre bahnbrechenden Publikationen bekannt. Neben der Erziehung ihrer Kinder bleibt Olga Lotmar stets auch als Kinderärztin tätig.

Paulas Vater, Fritz Lotmar (1878–1964), ist das zweite Kind von Paula Bacher und des Münchner Rechtsphilosophen Philipp Lotmar, der 1888 als Professor für Römisches Recht an die Universität Bern berufen wurde. Fritz Lotmar absolviert in Bern das Gymnasium und studiert in Bern Medizin. 1903 besteht er das deutsche medizinische Staatsexamen in Strasbourg. Seine klinische Ausbildung absolviert er in Bern und Paris. Von 1908–1912 studiert er in München Psychiatrie und forscht am dortigen neuropathologischen Laboratorium der Kraepelinischen Klink bei Alois Alzheimer. 1912 erfolgt die Habilitation und 1913 schließt er sein Studium in Bern mit den Eidgenössischen Staatsexamen ab.

Im Februar 1907 heiraten Olga Selig und Fritz Lotmar in Bern. Im Mai 1908 ziehen sie von Bern nach München. 1912 übersiedelt die Familie Lotmar mit ihren beiden 4- und 2-jährigen Kindern ein erstes Mal wieder von München nach Bern.

1929 wandert die Familie – inzwischen um die damals 11-jährige Tochter Paula erweitert – ein zweites Mal von Bern nach München aus, wo sie für immer zu bleiben gedenkt.

Die politische Entwicklung in Deutschland ab 1933 zwingt die Familie Lotmar aber, 1934 München unfreiwillig zu verlassen. Mit der Brandmarkung durch das nationalsozialistische Regime, eine ›jüdische Vergangenheit in ihren Herkunftsfamilien‹ zu haben, wird die Familie Lotmar (die im Übrigen keine Religion praktiziert) vertrieben und muss – diesmal für immer – nach Bern zurückkehren.

Am 1. März 1934 lassen sich Fritz und Olga Lotmar mit ihrer 15-jährigen Tochter Paula im Kirchenfeldquartier in Bern nieder, wo Paula schon ihre ersten Schuljahre (an der Kirchenfeldschule) verbrachte. Die Einbürgerung (Burgerrecht der Stadt Bern) der Eltern und für sie erfolgt am 19. September 1938, also bereits viereinhalb Jahre nach ihrer Immigration, aber just in dem Moment, als der Bundesrat akzeptiert, dass in die deutschen Pässe für ›Juden‹ (bzw. Menschen, die für Juden gehalten werden) ein J-Stempel eingetragen werden muss.

Im Hause der Familie Lotmar weht ein kultivierter Geist, wo Literatur, Geschichte, Gesellschaftspolitik und bildende Kunst ihren festen Platz haben, und das Musizieren und philosophische Disputationen eine bedeutende Rolle spielen. Insbesondere ist die Freundschaft des Ehepaars Fritz und Olga Lotmar mit Paul Klee und Lily Stumpf ein wichtiger Bestandteil des Familienlebens.

Ab Frühjahr 1934 besucht Paula Lotmar die Literaturschule des städtischen Gymnasiums Bern und schließt im Herbst 1938 mit der Maturitätsprüfung Typ A (altsprachlich mit Griechisch und Latein) ab.

In dieser Gymnasialzeit engagiert sich Paula Lotmar auch in der ›Pfadi‹, wo sie als 19-jährige im Dezember 1937 ein Diplom erhält, das sie zur Leitung von Kinder- und Jugendgruppen ermächtigt. In ihrer schriftlichen Hinterlassenschaft nimmt sie später oft Bezug zur Pfadfinderbewegung; und sie bleibt immer überzeugt, dass sie den ersten Anstoß zu ihrer Berufswahl als Sozialarbeiterin von dort erhalten habe.

Nach der Matura zieht es Paula Lotmar *nicht* an die Universität, wie das für ihre beiden Geschwister noch selbstverständlich war. Sie besucht zunächst die Frauenarbeitsschule Bern (zum Thema ›Kleider machen‹) und geht für das Sommersemester 1939 an die Ecole D'Etudes Sociales nach Genf.

Vom Frühjahr 1940 an besucht Paula Lotmar die *Soziale Frauenschule Zürich*, Abteilung A, wo sie aufgrund ihrer Diplomarbeit »Zur

Lage der gebrechlichen Schulkinder im Amt Konolfingen« am 26. März 1942 ihr Diplom erhält. Es folgen mehrere Stationen in der Praxis des Sozial- und des Bildungswesens (u.a. in der Beschäftigungstherapie), wo sie die verschiedenen Aspekte der praktischen Tätigkeit einer diplomierten Sozialarbeiterin studiert.

Bereits im Frühjahr 1945 nimmt Paula Lotmar – 27-jährig – ihre Lehrtätigkeit an der Schule für Soziale Arbeit in Zürich auf und bleibt dort bis zu ihrer Pensionierung 1980 im Amt.

Während des Quartals vom Dezember 1946 bis März 1947 hält sich Paula Lotmar ein erstes Mal in Holland zur Weiterbildung am *Diaconie-Weeshuis* in Amsterdam auf. Die Niederlande ist damals ein Schmelztiegel für qualitativ hochstehende Theorie- und Methodenentwicklung der Sozialen Arbeit weltweit. Später folgen weitere Studienaufenthalte in Amsterdam bis weit in die 1950er-Jahre hinein. Aus dieser Zeit stammt auch die langjährige, tiefe Freundschaft mit Marie Kamphuis (vgl. PV, S. 113), einer europaweit bekannten Pionierin der Sozialen Arbeit und profunden Kennerin der Diskurse und Konzeptionen des amerikanisch-kanadischen Social Work.

Dazwischen (von Oktober 1950 bis Oktober 1952) studiert Paula Lotmar ›Sozialwissenschaften‹, gut zehn Jahre nach ihrer Maturitätsprüfung doch noch, an der Universität Zürich.

Und irgendwann um 1960/1961 (die Quellen sind widersprüchlich) ist Paula Lotmar dann für einen sechsmonatigen Studienaufenthalt selbst in den USA, um die Praxis der ›Community Organization‹ und deren Ausbildung zu studieren. Sie besucht dazu Schulen und Projekte in San Francisco, Minneapolis, Chicago, Cleveland, Pittsburgh und New York.

In diese Zeit fällt nun die Arbeit, die mich zu dieser Spurensuche animierte: *Gedanken zur Definition und Funktion der Sozialen Arbeit*, 1963 publiziert als Sonderdruck in der Schweizerischen Zeitschrift für Gemeinnützigkeit.

Wohl etwa vier Jahre später entsteht eine weitere wichtige Arbeit von Paula Lotmar, die heute aber verschollen ist. Von 1965 bis 1969 überprüft eine Arbeitsgruppe der SASSA (der Schweizerischen Arbeitsgemeinschaft der Schulen für Soziale Arbeit) unter maßgeblicher Beteiligung von Paula Lotmar die Lehrpläne der Schulen für Soziale Arbeit. Als Resultat dieser Arbeit gibt es zum ersten Mal für die Ausbildung in Sozialer Arbeit in der Schweiz ein verbindliches ›Minimalprogramm‹. Im Auftrag dieser Arbeitsgruppe verfasst Paula Lotmar im Hinblick auf die Veröffentlichung dieses Minimalprogramms ein zwölfseitiges ›Vorwort‹, genauer: ein *Statement zur Nomenklatur und curricularen Struktur der Sozialen Arbeit*. Weil dieses Dokument der Mehrheit der Arbeitsgruppe aber zu ›fachlich‹, zu ›akademisch‹ erscheint, wird es schließlich nicht in den Schlussbericht mit dem Minimalprogramm aufgenommen; es bleibt ein Entwurf, der aber in einschlägigen Fachkreisen dennoch große Beachtung findet und auch zitiert wird. Noch 1980 spricht beispielsweise Ruth Brack (vgl. PV, S. 111f.), die erste Leiterin der Schule für Sozialarbeit in Gwatt, öffentlich von diesem Dokument und bewertet es als hoch relevant. Sie bezeichnet es gar als einen schweizerischen Meilenstein zur Systematik und Nomenklatur Sozialer Arbeit. Ein Meilenstein, der inzwischen nicht mehr auffindbar ist.

Aus berufsbiographischer Sicht nachzutragen ist noch der überaus große Erfolg, den Paula Lotmar mit ihrer Publikation von 1986 »Führen in sozialen Organisationen« erzielen und die (1989 zusammen mit Edmond Tondeur verfasst) 2004 auch noch in der siebten Auflage erscheinen kann.

Biographisch nachzutragen ist weiter, dass Paula Lotmar und ihre Schwester Ruth (eine damals in der Schweiz bekannte Biologin) in Zürich Wollishofen einen gemeinsamen Haushalt führen, zu dem auch Rückzugsorte im Bidmi-Hasliberg und auf dem Maiensäss Halde auf dem Stelserberg im Prättigau gehören.

Am 24. September 2010 stirbt Paula Lotmar im Alter von 92 Jahren an ihrem Rückzugsort in Kilchberg am Zürichsee.

1.2 Ihre sie prägende Lebenswelt

Wie Paula Lotmar ›ihre Zeit‹ erlebt, lässt sich natürlich nur erahnen. Aber, dass sie sie geprägt hat, dürfen wir als gesichert annehmen.

Sie beginnt ihre Kindheit 1918 mit dem Ende des Vernichtungskrieges, dem ganz Europa schieres Elend verdankt, und mit dem Zusammenbruch des Osmanischen Reiches. 1920 wird der Völkerbund gegründet, aber bereits 1922 greifen in Italien die Faschisten Mussolinis nach der Macht. In Russland dominiert die UdSSR und in Spanien breitet sich die Militärdiktatur aus.

Die kurze Münchner-Zeit von Paula Lotmar beginnt 1929 mit der Welt-Wirtschaftskrise, schließt den Salzmarsch Gandhis gegen die englischen Kolonialherren, aber auch Stalins Holodomor (›Roter Hunger‹) in der Ukraine ein, und endete 1933 mit der Machtergreifung Hitlers im Zeichen des Hakenkreuzes (Sophie Scholl, die spätere Widerstandskämpferin gegen den Nationalsozialismus, ist praktisch gleich alt wie Paula Lotmar).

In ihre Gymnasial-Zeit in Bern (1934–1938) fällt der lange Marsch der roten Armee Maos in China, die Nürnberger Legalisierung der Verfolgung aller Menschen, die von den Nationalsozialisten für ›Juden‹ gehalten werden, und der Beginn des Spanischen Bürgerkrieges. Und sie endet mit der Deutschen Pogromnacht im November 1938.

Im September 1939 beginnt Hitler den Zweiten Weltkrieg und Stalin seine Gewaltpolitik gegen Finnland und das Baltikum.

Dann beginnt Paula Lotmar ihre Ausbildung an der Schule für Soziale Arbeit in Zürich (die es drei Jahre zuvor ablehnt, Alice Salomon (vgl. PV, S. 114) eine Lehrtätigkeit und damit Asyl in der Schweiz zu ermöglichen). In die Jahre ihrer Ausbildung zur Sozialarbeiterin (1940–1942) fallen in Deutschland die Entscheidung zur ›physischen Vernichtung der Juden‹ (August 1941) und die Wannsee-Konferenz (Januar 1942), welche die ›Endlösung der Judenfrage‹ beschließt.

Mit der Kapitulation Nazi-Deutschlands und dem Ende des Zweiten Weltkrieges nimmt Paula Lotmar bereits ihre berufslebenslange Lehrtätigkeit an der Schule für Soziale Arbeit Zürich auf (1945).

Die fachlichen und theoretischen Auseinandersetzungen mit der Sozialen Arbeit finden für Paula Lotmar vor dem Hintergrund einer dynamischen Phase des globalen Umfeldes statt:

Den weltpolitischen Rahmen bilden: die erste UNO-Sitzung (10. Januar 1946); die vorpreschende Gründung des Staates Israel (Mai 1949), was die gleichzeitige Gründung eines palästinensischen Staates vereitelt; die Gründung der DDR und damit der BRD (Mai 1949) in Deutschland; aber auch die McCarthys-Ära in den USA (mit ihrer Jagd auf ›Kommunisten‹); die Apartheit-Politik in Südafrika; Chinas Überfall auf den Tibet 1950, was zur damals offenen Asylpolitik in der Schweiz führt; der Kalte Krieg mit dem ›Eisernen Vorhang‹ in Europa, das Wettrüsten mit Atomwaffen und die ersten

Stellvertreterkriege in Korea und Vietnam, die Kuba-Krise und der Bau der Berliner Mauer (1961).

Im frühen Schrifttum von Paula Lotmar wird explizit, dass sie sich vor diesem Hintergrund zumindest mit den folgenden gesellschaftspolitischen Themen auseinandersetzt: mit dem ›Deutschen Wirtschaftswunder‹, der ›Sozialen Marktwirtschaft‹ und der Hochkonjunktur in der Schweiz (1955–1975) mit ihren ›Überfremdungsinitiativen‹; mit der ›schwarzen‹ Bürgerrechtsbewegung und den ›Rassenunruhen‹ in den USA (1955–1964), dem Marsch auf Washington mit Anna Arnold Hedgeman und Martin Luther King (»I have a dream«) (1963) und seiner Ermordung (1968) [nicht jedoch mit der Verhaftung der US-amerikanischen Bürgerrechtlerin, Humanwissenschaftlerin und Philosophin Angela Davis (1970)].

Aber da sind auch – gut dokumentiert in den damaligen illustrierten ›Massenmedien‹ (wie Lotmar sie benennt) – die Wettläufe um die Eroberung des ›Weltraumes‹ (1957–1969), die Ära des jugendlichen Reformers John F. Kennedy und seine Ermordung (1963), die sexuelle Revolution mit der ›Pille‹ und dem Pillenknick nach der Baby-Boomer-Zeit; aber auch der Eichmann-Prozess in Jerusalem (1961); der Befreiungskrieg und die Unabhängigkeit Algeriens (1962); schließlich auch der Generationenkonflikt hierzulande, der sich am Mini-Rock entzündet (1965); der ›Sechstagekrieg‹ in Palästina (Juni 1967); oder auch die erste Herzverpflanzung, die Todesschüsse auf den Studenten Benno Ohnesorg, die Niederwalzung des ›Prager Frühlings‹ (1968), die Demonstrationen gegen den Vietnam-Krieg, das Massaker von My Lai (16. März 1968), der Mordanschlag auf den Studentenführer Ruedi Dutschke; aber auch die Skandal-TV-Sendung »Wünsch-Dir-was« in Farbe mit Dietmar Schönherr und Vivi Bach (1969–1972), die schweren ›Unruhen‹ in Nordirland, die Hungersnöte in Biafra (1970), der Watergate-Skandal (1972), der blamable Rückzug der USA aus Vietnam und der blutige Bürgerkrieg in Kambodscha, der Sturz Salvador Allendes und die Errichtung der Militärdiktatur in Chile, Richard Nixons schmählicher Abgang; und der Auftritt von Margaret Thatcher im Vereinigten Königreich (1975), zu der später (1981) Roland Reagan als Präsident der USA dazukommt – beide zusammen lancieren das neue Zeitalter des Neoliberalismus und des Manageralismus.

Mittendrin in diesen turbulenten Zeiten steht Paula Lotmar, notgedrungen auch im Kampf um das Stimm- und Wahlrecht der Frauen, das ihnen die Schweizer Männer am 7. Februar 1971 endlich auch gewähren.

Es ist zwar nicht so offensichtlich (sie hängt es nicht an die große Glocke), wie nahe Paula Lotmar selbst der ›Frauenbewegung‹ steht. Aber, dass die *Bürgerliche Frauenbewegung* (1890–1930) und die *Neue (zweite) Frauenbewegung* (1955–1970) für die Soziale Arbeit von entscheidend großer Bedeutung ist, thematisiert auch Paula Lotmar immer wieder. Und sie kritisiert, von deren Standpunkt aus, insbesondere die Doppelbelastung der Mütter und Hausfrauen (bis zur Revision des Eherechts 1988 besteht für Frauen die gesetzliche Pflicht, den Haushalt zu führen; und mit der Anti-Baby-Pille für mindestens 30 Jahre die moralische Pflicht, der sexuellen Freiheit der Männer zu dienen; zudem sollen sie, wenn immer möglich, der boomenden Wirtschaft für Hilfsarbeiten zur Verfügung stehen), die fehlende Chancengleichheit, die ungleichen Löhne, die fehlenden Alternativen bzw. die Diskriminierung der Alternativen zur Kleinfamilie. Und sie fordert (unmissverständlich, wenn auch eher moderat) das Aufbrechen der geschlechterspezifischen Rollen in Erziehung, Familie und Beruf.

Wie weit Paula Lotmar mit der dritten, der *Feministischen (violetten) Frauenbewegung* übereinstimmt, ist schwer zu beurteilen. Sicher kennt sie Bücher wie z.B. Beauvoirs »Das andere Geschlecht«, Betty Friedans »Der Weiblichkeitswahn« oder Alice Schwarzers »Der kleine Unterschied«, und sie kann bestimmt auch mit dem Slogan »das Private ist politisch« etwas anfangen. Aber sie ist auch gegenüber den ›Gegenbewegungen‹ (mit deren Selbsterfahrungs-Arbeit, vor allem aber ihren unabhängigen, hierarchiefreien feministischen Projekten von Frauen für Frauen, den Frauenhäusern oder der Sensibilisierung auf die Gewalt in der Ehe) offen.

Was sie offensichtlich aber auch noch nicht sieht, ist die (heute immer noch offene) Forderung nach einer frauenspezifischen Medizin, Psychologie und Psychiatrie.

Paula Lotmar – so viel scheint klar zu sein – ist sich aber bewusst, dass die von Frauen geleistete unbezahlte, so genannte private Familien-, Kinderbetreuungs- und Care-Arbeit in Wirklichkeit *gesellschaftlich notwendige Arbeit* ist.

Und obwohl für Paula Lotmar die Pflege der Sprache sehr wichtig ist, scheint ihr die männliche Dominanz in der deutschen Sprache kein Problem zu sein. Jedenfalls ist der gleichstellungssensible Sprachgebrauch für sie kein Thema.

Im Januar 1975 startet das UNO-Jahr der Emanzipation der Frau – für Gleichberechtigung, Entwicklung und Frieden mit dem Slogan: »Frauen, fordert was Euch zusteht!«.

Doch da ist am 16. Juni 1976 auch der Schülerinnen-Aufstand in Soweto gegen die Apartheid mit 451 durch Polizeigewalt getöteten und 2389 durch Polizisten (davon viele mittels Folter und Vergewaltigungen) verletzen Jugendlichen.

Und weiter sind da auch: die Dioxin-Katastrophe (1976); die Entführung und Befreiung der Lufthansa-Maschine in Mogadishu und die Ermordung von Hans-Martin Schleyer durch die RAF (1977); die Gründung des islamistischen Gottesstaates Iran unter Ajatollah Khomeini; die Machtübernahme im Irak durch Diktator Saddam Hussein; der Einmarsch der Sowjets in Afghanistan (1979); in Polen erstarkt die Gewerkschaft Solidarność (1980), was aber die Verhaftung von Leszek Walesa nicht verhindert (1982); und in der BRD wird Helmut Schmid von Helmut Kohl gestürzt …

Aber da ist Paula Lotmar schon seit zwei Jahren pensioniert [und ich selbst übernehme meine erste Urlaubsvertretung an der Schule für Soziale Arbeit in Zürich …].

1.3 Ihr soziales Umfeld

Während mehr als einem Vierteljahrhundert, mindestens zwischen 1950 und 1975, kommentiert Paula Lotmar die sozialen Bedingungen der Menschen, vor allem in der Deutschschweiz, und sie bringt diese Kommentare mit ihren Überlegungen zur Sozialen Arbeit zusammen. Doch schon längere Zeit davor prägen sie die Verhältnisse des sozialen Umfeldes, in dem sie aufwächst.

In den 1930er- und 1940er-Jahren, die Paula Lotmar zweifellos sehr bewusst erlebt, rücken die Menschen hierzulande, unter dem Eindruck der Bedrohungen aus dem Ausland, über politische und weltanschauliche Differenzen hinweg, näher zusammen und bauen an einer Art geistigen Landesverteidigung. Die Grundstimmung in der Schweiz ist die einer stramm bürgerlichen Gesellschaft. Ein Großteil der schweizerischen Bevölkerung steht dem Kommunismus viel kritischer gegenüber als dem Faschismus, den sie seit 1922 von Italien unter Mussolini kennt. Ab 1933 bilden sich auch in der Schweiz vor allem vom Mittelstand und den Bauern getragene nationalsozialistische ›Fronten‹, deren Anführer meist junge Akademiker sind, die für die parlamentarische Demokratie nicht viel übrighaben.

Gleichwohl halten breite Teile der Bevölkerung an der Idee des schweizerischen Systems mit seiner Gemeindeautonomie, dem Föderalismus und der Mehrsprachigkeit fest (1938 wird das Rätoromanische als vierte Landessprache anerkannt). Gemeinsam ist die Überzeugung, dass die Unabhängigkeit der Schweiz um jeden Preis erhalten werden muss. Alles Fremde und ›Unschweizerische‹ gilt es fernzuhalten.

Wirtschaftlich leidet die Schweiz anfangs immer noch stark unter der Weltwirtschaftskrise; 1934 sind rund 85'000 Familienernährer arbeitslos und damit gut 10% der Haushalte von absoluter Armut betroffen. Die Bevölkerung ist mit der ›das Boot ist voll‹-Flüchtlingspolitik und der Anordnung, dass Menschen, die ›nur‹ aus Rassegründen Asyl suchen, nicht als politische Flüchtlinge zu gelten haben, praktisch vollständig einverstanden, jedenfalls akzeptiert sie deren Abschiebung weitgehend.

Die Grundeinstellung gegen alle Flüchtlinge bleibt bis 1945 generell negativ. Gleichwohl setzen sich einzelne Couragierte tatkräftig für Flüchtlinge ein, auch wenn sie dadurch erhebliche Nachteile zu gewärtigen hatten. Paula Lotmar zollt ihnen zeitlebens Hochachtung.

Bei Kriegsausbruch 1939 sind die meisten Menschen in der Schweiz tief verunsichert und entmutigt. Erst recht, als sie von Bundesrat Pilet-Golaz hören, es sei notwendig, sich ohne Rücksicht auf die bis anhin Sicherheit gebenden, nun aber ›veralteten Formen‹, den neuen Verhältnissen anzupassen, ja den ›alten Menschen‹ abzulegen.

Die Bevölkerung richtet sich ein, so gut es eben geht. Man hält sich an die Regeln, hütet oder tauscht die Rationierungsmarken und befolgt die Anordnungen der Behörden. Es wird alles getan, das politische System und die Verwaltungsmechanismen aufrecht zu erhalten; 1943 finden sogar die turnusgemäßen Nationalrats-Wahlen statt. Und auch wenn die ›Anbauschlacht‹ nicht wesentlich effektiv ist (der Selbstversorgungsgrad steigt um nur knapp 7%), entwickelt sich daraus eine neue Form der Solidarität zwischen der städtischen und der ländlichen Bevölkerung.

Gegen Ende des Krieges sympathisiert die Öffentlichkeit zunehmend offen mit den Alliierten; amerikanische Mode und Kultur wurde *en vogue*. Die wöchentlichen Radioansprachen von Jean-Rodolphe von Salis, die noch weit nach dem Krieg noch die Meinungsbildung der Bevölkerung wesentlich beeinflussen und deren neu gewonnene weltoffene Einstellung fördern, werden zur Institution. Gleichwohl haben in den ersten Nachkriegsjahren alle viel zu tun mit dem sich Aufrappeln und neu Organisieren. Man ist froh, überlebt zu haben.

Wie sich Paula Lotmar zu diesen sie prägenden sozialen Bedingungen verhält, lässt sich da und dort zwar erahnen, aber wirklich bekannt ist dies nicht. Doch seit ungefähr 1935, also im Alter von 17 Jahren, reift vor diesem Hintergrund der Berufswunsch, Sozialarbeiterin zu werden, und zugleich der Lebensplan, beruflich unabhängig, dafür ledig zu bleiben. Und mitten im Zweiten Welt-Krieg absolviert sie die Ausbildung (1940–1942). Noch näher an den sie umgebenden sozialen Themen dran zu sein und sich mit ihnen auseinanderzusetzen, ist ihr kaum möglich.

Mit dem Kriegsende, 1945, beginnt für die 27-jährige Paula Lotmar ein völlig neuer Lebensabschnitt: Sie tritt ihre Lebensstelle an und nimmt ihre Lehrtätigkeit an der Schule für Soziale Arbeit in Zürich auf.

Die schweizerische Gesellschaft erholt sich, vom Krieg weitgehend verschont, rasch. Ab den 1950er-Jahren prägt der ›Konsumzwang‹ und die ›Individualisierung‹ den Alltag der Familien.

Vor dem aktuellen und konkreten sozialen, politischen und wirtschaftlichen Hintergrund beginnt Paula Lotmar zu publizieren. Es geht um den *Verlust alter Werte*, um *sozialen Wandel*, wachsende *soziale Ungleichheit* und *Konflikte zwischen den Generationen*. Ihr fällt vor allem auf, dass sich in der ›städtisch-industriellen Welt‹ die *Verwurzelung in den Primärgruppen* wesentlich gelockert hat und sich nur noch ein Bruchteil der Menschen z.B. in konfessionellen Gruppen miteinander verbunden fühlen. Sie erkennt: Die Wohngemeinde stellt kein Feld personaler Vertrautheit mehr dar, die Nachbarschaft verliert ihren Charakter als Gruppe mit persönlichen Verpflichtungen mehr und mehr; die Familie entwickelt sich hin zur reinen Kleinfamilie, in der sich die gegenseitige Verantwortlichkeit oft nur noch auf Eltern und Kinder bis zu deren Mündigkeit erstreckt.

Paula Lotmar und ihre Kolleginnen an der Schule für Soziale Arbeit in Zürich kennen diese sozialen Konstellationen aus ihrer eigenen Kindheit und Jugend noch ganz anders. Es beunruhigt sie zutiefst, dass die Mehrzahl der Menschen nicht mehr damit rechnen kann, dass im Notfall für die Befriedigung ihrer lebenswichtigen Bedürfnisse (vgl. S. 39ff.) durch die Familie oder andere nahestehenden Gruppen gesorgt ist. Das ist eine ernsthafte Bedrohung vor allem auch für interessierte und engagierte ›ledige‹ Frauen. Also auch für Paula Lotmar selbst.

Immer wieder – z.B. auch in ihrem Referat an der ›Weggis-Tagung‹ im September 1964 – hält Paula Lotmar fest, dass sich aus ihrer Warte eine Phase des beschleunigten sozialen und kulturellen Wandels beschreiben lasse, in welche die Gesellschaft eingetreten sei. So würde sich z.B. die Sozialstruktur in Gestalt des Altersaufbaus oder der Berufsstruktur schnell ändern. Damit würden Werte, Normen und Einstellungen eine rasche Umgestaltung erfahren. Der technische Fortschritt habe in kurzen Abständen neue, die sozialen Lebensumstände verändernde Erfindungen hervorgebracht. Damit seien zwar auch soziale Auf- und Abstiege innerhalb einer Laufbahn oder von einer Generation zur anderen selbstverständlicher geworden. Aber auch die horizontale Mobilität (der häufige Wechsel des Arbeits- und Wohnortes oder das Pendeln zwischen Wohn- und Arbeitsgemeinde) habe deutlich zugenommen.

Und das Modell, dass nur ledige Frauen (die zeitlebens ein ›Fräulein‹ bleiben) berufstätig sein können, hat ausgedient. Die boomende Wirtschaft absorbiert mehr und mehr auch die Mütter der Klein- und Kernfamilien, freilich ohne, dass die als ›Zweitverdiener‹ mit ihrer Arbeit existenzsichernde Löhne generieren könnten. Und das wiederum habe ein neues, erschreckendes, aber auch typisches gesellschaftliches Phänomen hervorgebracht, nämlich die so genannten ›Schlüsselkinder‹.

Besonders auffällig sei der Wandel der Arbeitsformen: Im landwirtschaftlichen Sektor sei die aktive Bevölkerung rasant gesunken. Die Abwanderung vom Land in die Stadt sei augenfällig und im Alltag spürbar.

Es werde ferner von Überflussgesellschaft oder Verbrauchergesellschaft gesprochen: Dem relativ stabilen Mangelangebot früherer Zeiten stehe auf dem Wirtschaftsmarkt nun ein Überangebot an Waren gegenüber. Um dem Überfluss Herr zu werden, würden die Bestimmungen der Bedarfe und die Kauflust der Menschen durch eine raffiniertere Werbetechnik beeinflusst.

Und das Verhältnis von Arbeitszeit und Freizeit verändere sich unaufhaltsam in Richtung einer ›Freizeitgesellschaft‹. Die Auffassung von Arbeit als ›Job‹ stehe dem ›Hobby‹ der Freizeit gegenüber.

Am härtesten aber würde sich das gleichzeitige Nebeneinander von verschiedenen Orientierungssystemen und Werthaltungen, Lebensformen und Einstellungsweisen auswirken, die an die Stelle von absoluten, traditionsgebundenen und für alle gleichermaßen gültigen Formen getreten seien. Die eher homogene Gesellschaft früherer Zeiten habe den Menschen viel Sicherheit gegeben und habe ihnen durch die größere Verbindlichkeit von Sitte und Brauch viele Entscheidungen abgenommen. Hier vor allem müssten die Menschen nun umdenken und schnell dazulernen.

Und dieser gesellschaftliche, soziale und kulturelle Wandel wirke sich wesentlich auch auf die Soziale Arbeit in der Schweiz aus. Bis anhin sei z.B. die ›Armengenössigkeit‹ (schweizerisch, veraltet: von der Armenpflege abhängig und berechtigt, staatliche Sozialleistungen in Anspruch zu nehmen) im Allgemeinen missbilligt worden, denn der ›Armengenössige‹ halte sich ja nicht an zentrale Werte unserer Kultur, wie Unabhängigkeit, Tüchtigkeit, Fleiß usw. Es habe die Meinung vorgeherrscht: Wer mehr verbraucht als er hat, wer nicht vorsorgt oder liederlich ist, der handelt falsch, ja schlecht; die ›Armengenössigen‹ würden der Öffentlichkeit somit *schuldhaft* zur Last fallen.

Heute in Zeiten der Hochkonjunktur sei das anders. Die Personalchefs würden händeringend Leute suchen (die Arbeitslosigkeit sinkt zum Teil weit unter 0,5 Prozent), und sie würden auch Leute einstellen, die nicht der Norm entsprechen. Auch privat Schulden machen, um beim Konsum mithalten zu können, sei salonfähig geworden. Und die ›Massenmedien‹ (die Illustrierten) würden all diese Vorzüge des neuen Lebensstils ›über den Klee hinaus‹ loben und die alten Werte als überholt bezeichnen. Vor diesem Hintergrund müsste sich das schlechte Image der Klientel der Sozialen Arbeit eigentlich auflösen. Aber die Armenbehörden (die Sozialpolitik) würden sich nach wie vor auf den alten Standpunkt der ›Schuldhaftigkeit‹ stellen: Wer selbst in psycho-soziale – nicht ›nur‹ in materielle – Not gerate, der hätte anders handeln *können*, ja *müssen*.

Das führe zu neuen Anforderungen auch an die Soziale Arbeit: Zum einen sei da der vorher nicht dagewesene Konflikt, dass die Armenbehörden vom ›Armengenössigen‹ Verhaltensweisen verlangten, die ihm von den Massenmedien als unzeitgemäß dargestellt würden; zum anderen bringe der wirtschaftliche und gesellschaftliche Wandel den Menschen erhebliche, noch ›ungewöhnliche‹ psycho-soziale Belastungen, die sie nicht selbst bewältigen könnten und für die sie Hilfe und Unterstützung brauchen würden.

Vor allem aber würde die Sozialpolitik immer noch davon ausgehen, dass es die Soziale Arbeit in erster Linie mit ›Arbeitsscheuen‹, ›Kriminellen‹, ›Liederlichen‹, ›gefallenen Mädchen‹, ›Trinkern‹, ›revoltierenden Jugendlichen‹, ›billigen Prostituierten‹, ›arbeitsscheuen Clochards‹, ›autoritären Vätern‹, ›jungen Gammlern‹, ›Drogensüchtigen‹ oder ›verwahrlosten Alten‹ und besonders mit ›untüchtigen Hausfrauen‹ zu tun habe, »die schon anders könnten, wenn sie nur wollten«.

Und diese (noch) nicht angepasste Grundhaltung der Politik und der Armenbehörden verstärke schließlich den Trend, empört sich Paula Lotmar weiter, dass der Gesellschaft die Klientel der Sozialen Arbeit ziemlich egal sei, und von ihr höchstens als notwendige Randgruppe thematisiert werde, die halt zu einer gut laufenden Wirtschaft gehöre. Menschen, die hier nicht mithalten könnten, habe es schon immer gegeben und werde es auch immer geben.

Vor diesem Hintergrund sei es schließlich auch nicht verwunderlich, so Lotmar an der ›Weggis-Tagung‹ 1964 weiter, dass in der Gesellschaft mit dem Begriff *Sozialarbeit* (wenn dieser denn überhaupt geläufig sei) noch viele veraltete Vorstellungen verbunden seien. Die Leute dächten bezüglich der *Sozialarbeit* an Gesellschaftsgruppen, zu denen man (so Gott will) nie gehören werde, und an Nöte, die normalerweise bei ›anständigen Leuten‹ nicht vorkämen.

Zudem sei die Berufsrolle *Sozialarbeiter*[2] kaum institutionalisiert. Es gebe kein einheitliches Bild, das auch in der Öffentlichkeit Gültigkeit hätte, wie das beim Arzt zutreffe. [Allerdings – müsste man aus heutiger Sicht anmerken – ist bis weit in die 1960er-Jahre hinein auch erst ein sehr kleiner Teil der Sozialen Arbeit methodisch so differenziert und fortschrittlich etabliert, womit sich der Ruf in der

2 In den Quellen kommt tatsächlich immer nur die männliche Form vor, obwohl es sich praktisch ausschließlich um Frauen handelt, welche diese Berufsrolle besetzen, und die sich selber ›Sozialarbeiter‹ nennen; und auch ihre Organisation, mit der sie sich gegen das schlechte Image der Armenpflege abzugrenzen versuchen, nennen sie ›Berufsverband der Sozialarbeiter‹, obwohl Männer damals zur Ausbildung noch gar nicht zugelassen sind.

Öffentlichkeit schon wesentlich hätte verbessern können, bei den Fachpersonen der Sozialen Arbeit handle es sich um qualifizierte Fachleute.] Nicht einmal die ›Sozialarbeiter‹ selbst hätten eine einheitliche Vorstellung ihrer eigenen Berufsrolle. Und selbst die Ausbildung sei wenig zielgerichtet und fachkundig, und im Sozialwesen seien viele unausgebildete Kräfte mit den ausgebildeten gleichberechtigt als ›Sozialarbeiter‹ tätig.

Dabei habe die Soziale Arbeit wichtige neue Aufgaben. Paula Lotmar stellt diesbezüglich einen bedeutsamen Befund in den Vordergrund: die *Kernfamilien-Gesellschaft*. Die kinderreiche Großfamilie der Agrargesellschaft habe der Kleinfamilie Platz gemacht, die nur noch aus Eltern mit ihren unmündigen Kindern bestehe. Die Sippe, Verwandtschaft und Nachbarschaft hätten für die heutigen Familien, besonders in der Stadt, sehr viel von ihrer früheren Bedeutung verloren.

Dazu komme ein neuartiger Generationenkonflikt. Die Jugend orientiere sich am amerikanischen Lifestyle, an Rock'n'Roll, am Coca-Cola-Image und den Film-Idolen mit ihren weiten Röcken, Petticoats, Bomberjacken und Schmachtlocken. Was die Jugend [aus heutiger Sicht sehr moderat] revoltieren lasse, sei der krasse Widerspruch zwischen den hochgehaltenen Moral- und Erziehungsvorstellungen ihrer Eltern und dem tatsächlichen Familienleben.

Die inzwischen 45-jährige Paula Lotmar stellt fest, dass die Menschen wohl erstmals einen so raschen, ›von bloßem Auge sichtbaren‹ sozialen Wandel bewältigen müssen. Viele seien mit den Veränderungen, der unbekannten Zukunft, die Unsicherheit und Angst erzeugten, überfordert, zumal sie unter dem Fehlen eines gesicherten Zugehörigkeitsgefühls leiden würden. Und sie diagnostiziert – wie viele andere Beobachterinnen ihrer Zeit auch – vor allem eine *Überlastung der Mütter* durch außerhäusliche Erwerbsarbeit, mit Folgen wie ›zerrütteten Familienverhältnissen‹ und exorbitant steigenden Scheidungen der Eltern mit entsprechenden Auswirkungen auf das ›Gedeihen‹ der Kinder.

Vor dem Hintergrund dieses gesellschaftlichen und sozialen Umfeldes denkt Paula Lotmar über die Soziale Arbeit nach und zieht zusammenfassend folgende Schlüsse:

In dieser Phase der kollektiven ›Erwartungsunsicherheit‹ wird die Soziale Arbeit in der Öffentlichkeit als ein Sammelsurium von ›Fachkräften‹ gesehen, die Einzelne oder Gruppen von ›Randständigen‹ irgendwie in die Gesellschaft der Anständigen und Rechtschaffenen einzugliedern habe.

Dazu werden diese ›Randständigen‹ (die Liederlichen, Arbeitsscheuen), wie von alters her (wenn auch nicht mehr so offen), in *verschämte* und *unverschämte* Arme kategorisiert.

Die Fachkräfte sollen bei den *verschämten Armen*, wenn immer möglich, zuerst das *innere* Potential mobilisieren. Und erst, wenn das nicht reicht – und sie sich denn der Hilfe überhaupt als würdig erweisen – können diese Fachkräfte – zurückhaltend, versteht sich – nach *äußeren* Ressourcen des Sozialwesens Ausschau halten. Und wenn sie etwas finden, sollen sie das – verbunden mit deutlich moralischem Appell – an Bedürftige verteilen.

[Dieser ›Auftrag‹ wird heute als gesellschaftliches Mandat an die Soziale Arbeit der *Hilfe und Kontrolle* (oder umgekehrt) verstanden. Das Ziel dieses Auftrages ist es nach wie vor, die innere Stabilität und Sicherheit der Gesellschaft aufrecht zu erhalten.]

Vor diesem Hintergrund wird ab den 1960er-Jahren zunehmend heftige Kritik auch an der fachlichen Sozialen Arbeit und ihren Methodenkonzepten geübt (weit weniger an der Sozialpolitik und dem real existierenden Sozialwesen), am heftigsten in den späten 1960er-Jahren. Ein Berufsstand, der damals sowieso schon schwach aufgestellt ist, findet kein Rezept, wie er seine Funktion vernünftig ausführen könnte. Dafür kommen zuhauf therapeutische Ansätze auf, die der ›Sozialen Arbeit‹ (oder was insbesondere Psychiater für Soziale Arbeit halten) überstülpt werden.

Eine Steilvorlage für Paula Lotmar!

2 Standpunkte und Perspektiven zur Sozialen Arbeit von Paula Lotmar

2.1 Der strukturelle Rahmen für die Diskussion: ein Referats-Leitfaden

Vor dem im vorangegangenen Kapitel skizzierten bildungsbiographischen Hintergrund soll nun eine Annäherung an die Standpunkte und die sich daraus ergebenden Perspektiven zur Sozialen Arbeit von Paula Lotmar versucht werden. Eine wichtige Grundlage, die als Plan für dieses Unterfangen hätte dienen können, wäre eine Arbeit von ihr gewesen, die leider verschollen ist (vgl. S. 13f.), nämlich das wegen seines angeblich ›zu akademischen‹ Inhalts nicht akzeptierte Vorwort zum SASSA-Minimalprogramm für die Ausbildung in Sozialer Arbeit in der Schweiz (1969), das laut der Retrospektive 1980 von Ruth Brack (vgl. PV, S. 111f.) in Wirklichkeit ein zwölfseitiges Statement zur *Nomenklatur und curricularen Struktur der Sozialen Arbeit* ist.

Unter den noch zugänglichen Dokumenten findet sich jedoch ein Typoskript, welches Lotmar als ›Leitfaden‹ für ein Referat (anlässlich der Tagung der Rotkreuzhelferinnen in Bern vom 28. Februar 1963) angefertigt hat. Das Referat selbst, das ebenfalls nicht überliefert ist, trägt den Titel: »*Neuere Auffassungen zur und Entwicklungstendenzen in der Sozialen Arbeit*« und ordnet verschiedene ihrer damaligen Standpunkte und die daraus resultierenden Perspektiven ein.

Im Folgenden soll – gewissermaßen als Hintergrund für die folgende Diskussion – dieser strukturierende ›Leitfaden‹ in der ursprünglichen Form wiedergegeben werden (es wurden lediglich kleinere Angleichungen an heutige Lesegewohnheiten vorgenommen; belassen wurden hingegen die originalen Hervorhebungen und der fehlende gleichstellungssensible Sprachgebrauch). Daran lassen sich dann einige Standpunkte und Perspektiven von Lotmar, die sich passim in ihrem Schrifttum (vgl. WV S. 115) finden lassen, festmachen.

Neuere Auffassungen zur und Entwicklungstendenzen in der Sozialen Arbeit

Leitfaden zum Referat von Fräulein Paula Lotmar, Schule für Soziale Arbeit Zürich anlässlich der Tagung der Rotkreuzhelferinnen in Bern am 28. Februar 1963

A Was ist eigentlich Soziale Arbeit?

1. Die Sorge für andere, insbesondere für die Hilfsbedürftigen, gehört schon immer zum gemeinschaftlichen Handeln.
2. Das Sozialwesen (das Wohlfahrtswesen) im weitesten Sinne versucht, Abhilfe für verschiedene Notlagen von einzelnen oder kategorialen Gruppen von Menschen zu schaffen – durch verschiedene Sozialversicherungen, sozialpolitische Anordnungen, öffentlich oder privat getragene soziale Einrichtungen sowie durch Hilfe bringende Fachleute (Helfer) und viele freiwillige Helfer.
3. Die Soziale Arbeit ist ein Teilgebiet des Sozialwesens. Der Beruf des Sozialarbeiters gehört zu den helfenden Berufen. Die Soziale Arbeit nimmt sich der psychosozialen Hilfsbedürftigkeit an, die dann eintritt, wenn sich Einzelne oder Gruppen ihrer sozialen Umwelt nicht anpassen können oder wenn sie von dieser Umwelt geschädigt werden.
4. Soziale Arbeit als Beruf ist organisierte und geplante Hilfe mit dem Ziel, die Hilfsbedürftigkeit aufzuheben oder zu lindern.
5. Soziale Arbeit wird vollzogen durch ausgebildete und beruflich tätige Fachpersonen; für bestimmte Teilaufgaben unter Beizug von freiwilligen Helfern (Fachleute anderer Berufe und unausgebildete, aber informierte Personen).
6. Fachlich ausgebildete Fachpersonen der Sozialen Arbeit wenden bestimmte Arbeitsmethoden (siehe weiter unten) an. Nebst dem beruflich fachlichen Können spielt die gesunde, ausgeglichene Persönlichkeit und ein echter, uneigennütziger Helferwillen eine ausschlaggebende Rolle.

7. Die Soziale Arbeit besteht aus der offenen bzw. ambulanten Fürsorge und geschlossenen bzw. stationäre Fürsorge.

B Was heißt ›hilfsbedürftig‹?

8. Jeder Mensch ist bedürftig und kann in irgendeiner Form an (innerlichem oder äußerlichem) Mangel leiden.

9. Jede Zeit hat ihre ganz bestimmten Anschauungen darüber, was als Mangel betrachtet wird und was deshalb der Hilfe bedarf.

10. Viele Menschen finden von sich aus einen Weg, aus ihren Schwierigkeiten bei der Behebung der Mangellage heraus zu finden.

11. Wer dazu nicht in der Lage ist, dem steht das Sozialwesen mit seiner Hilfe zur Verfügung. Für bestimmte psychosoziale Bedürftigkeit ist die Soziale Arbeit zuständig. Hilfsbedürftige, denen die Soziale Arbeit Hilfe zu bringen versucht, nennen wir Klienten.

12. Die Soziale Arbeit vertritt den Standpunkt: jeder Mensch hat ein moralisches Recht auf die Gewährung der Menschenrechte (UN-AEMR 1948), insbesondere auf die Würde, die freie Entwicklung seiner Persönlichkeit und die soziale Sicherheit sowie die unentbehrlichen wirtschaftlichen, sozialen und kulturellen Rechte. Dazu kommen die psychischen Grundbedürfnisse.

13. Es ist ebenso schwer, die psychischen und körperlichen Bedürfnisse definitorisch festzulegen wie materielle Existenzminima.

14. Die Formen der Hilfsbedürftigkeit sind ständigem Wandel unterworfen bzw. zeit- und kulturabhängig. Heute tritt materielle Not relativ in den Hintergrund; psychische (seelisch-geistige) Nöte nehmen zu.

15. Alle Menschen können hilfsbedürftig sein oder werden. Fachpersonen der Sozialen Arbeit leisten sachkundige Hilfe, überall dort, wo Laienhilfe nicht genügt.

C Wie hilft Soziale Arbeit heute?

16. Ausgangsbedingungen:
    Sowohl Menschen als auch Verhältnisse können sich ändern und geändert werden (dynamisch Betrachtungsweise).
    Nicht alle Schwierigkeiten lassen sich beheben; oft ist nur eine Milderung der Not möglich;
    manchmal müssen Klienten lernen, mit den Schwierigkeiten zu leben.
    Keinem kann geholfen werden, der die Hilfe nicht will (häufig ist die Bejahung der Hilfe durch den Klienten das erste zu erreichende Ziel).
    Hilfe kann durch den Klienten nur bejaht werden, wenn ein Vertrauensverhältnis zum Helfer besteht (Berufsgeheimnis).

17. Grundsätze:
    Individualisieren: das Erleben und die Einschätzung der Verhältnisse werden verschieden empfunden; Wünsche, Erwartungen und Empfindungen erscheinen dem Individuum oft bedeutungsvoller als die objektiven Tatsachen.
    Selbstbestimmungsrecht: jeder Mensch hat das relative (Einschränkungen, Ausnahmen) Recht, sein Leben selbst zu bestimmen. Fachpersonen der Sozialen Arbeit handeln *mit* dem, nicht *für* den Klienten.
    Akzeptieren, nicht moralisieren: Die Fachpersonen der Sozialen Arbeit gehen von der Hilfsbedürftigkeit, nicht von der Würdigkeit aus, um Hilfe zu vermitteln. Schuld und Versagen sind dem Klienten selbst bekannt.
    Alles verstehen meint nicht: alles verzeihen;
    besser verstehen aber bedeutet, besser helfen können.

18. Mittel der Hilfe:
    Ursachenforschung: Symptombekämpfung ist höchstens vorübergehend sinnvoll;
    analysierendes und diagnostisches Denken ist Voraussetzung für effektive Hilfe.
    Erstellen eines Hilfsplans *mit* dem Klienten.
    Handlungsplan (für die Handlungen der Fachpersonen) zur Durchführung der Hilfe.
    Durchführung und Abschluss der Hilfe.

19. Elemente der Hilfe:
das fürsorgerische Gespräch (Klärung, Stützung, Reifung, Belehrung, Aussprache, etc.).
Vermittlung von Mitteln (Geld), Einrichtungen, Diensten (Fonds, Erholungsheim, Hauspflege, etc.).
Veränderung der Umwelt (Platzierung in Pflegefamilien, Arbeitsplatz-Veränderung, Eingliederung, etc.).
Gestaltung der Lebens-Umwelt (im Heim zur Nacherziehung, Umerziehung, Schaffung von Geborgenheit, etc.).

D Wie wird Soziale Arbeit gelehrt und gelernt?

20. Das ›gute Herz‹ (Hingabe, echter Helferwille, gesunder Menschenverstand) sind zwar Voraussetzungen, schaffen jedoch noch keine Fachperson der Sozialen Arbeit.

21. Ausbildung (theoretischer Unterricht) vermittelt Wissen, Anleitung (Praktika) übt das Können.

22. Die Wissenschaften von den Menschen (Human- und Sozialwissenschaften) liefern laufend grundlegendes Wissen.

23. Das (fürsorgerische und heimerzieherische) Fach-Wissen wächst laufend. Die systematische Verarbeitung (Reflexion) von praktischen Erfahrungen führt zu spezifischen lern- und lehrbaren Arbeitsmethoden.

24. Das Üben des Könnens, d.h. die Anwendung von Wissen in den berufseigenen Methoden, (z.B. durch systematisches Durcharbeiten von Lehr-Fällen) ist ausschlaggebend für eine gute Berufsarbeit.

25. Die Formung der beruflichen Persönlichkeit (Vorurteilslosigkeit, Sachlichkeit und Anteilnahme, akzeptierende Haltung, etc.) ist ein wichtiges Ziel der Ausbildung.

E Wohin entwickelt sich die Soziale Arbeit?

26. Soziale Arbeit als Ganzes:
Ausweitung der Arbeitsfelder (z.B. Altersfürsorge)
Vertiefung der Interventionen (z.B. durch Fallreduktionen)
Spezialisierungen (z.B. MS-Fürsorge)

›Professionalisierung‹ (z.B. Anstellung von Fachpersonen der Sozialen Arbeit auf der Gemeindefürsorge)

27. Freiwillige Helfer:
    Ausbau und Institutionalisierung der Zusammenarbeit, Orientierungskurse

28. Ausbildung der Fachpersonen der Sozialen Arbeit:
    Vertiefung durch Verlängerung der Ausbildung
    Höhere Fachkurse einführen
    Entwicklungen der Arbeitsmethoden in der Einzelfürsorge, sozialen Gruppenarbeit, Gemeinschaftsplanung (Community organization / GWA)
    Gründung neuer Ausbildungsstätten
    Ausbildung von Männern

29. Beruf:
    Konsolidierung (den Berufsstand sichern, stärken, festigen)
    Arbeitsbedingungen in den Organisationen verbessern
    Imagepflege (positives Berufsbild) und Werbung für Nachwuchs

Zürich, Februar 1963

P. Lotmar

Entlang dieser Referatsskizze von 1963 lassen sich einige der von Paula Lotmar vertretenen Standpunkte und die daraus resultierenden Perspektiven zur Sozialen Arbeit rekonstruieren.

2.2 Im Zentrum der Sozialen Arbeit stehen Menschen

Obwohl Paula Lotmar das *Menschen- und Gesellschaftsbild*, das der Sozialen Arbeit zugrunde liegt, nicht explizit skizziert, ist augenfällig, dass sie die Frage nach den Charakteristika der Sozialen Arbeit vorrangig mit der Reflexion der Vorstellungen zum Wesen der Menschen angeht.

So sind für sie z.B. ›Hilfsbedürftige‹ in erster Linie *Menschen*, bei denen ein Bedarf an ›Hilfe‹ besteht. Und diese ›Hilfe‹ ist eine Form des *gemeinschaftlichen Handelns* der Menschen, womit sie ihre ›Strukturen‹ bilden, in die sie sich gegenseitig einbinden. Denn letztlich sollen die Menschen in der Lage sein, sich selber zu helfen, das gebiete die *Menschenwürde*.

Für Lotmar sind auch ›Helfer‹ in erster Linie Menschen, entweder Hilfe bringende *Fachpersonen der Sozialen Arbeit*, die beruflich (meist in einem Anstellungsverhältnis) innerhalb von ›sozialen Einrichtungen‹ arbeiten, oder es sind Hilfe bringende *Laien*, die innerhalb oder außerhalb solcher Organisationen tätig sind.

Laien sind in diesem Verständnis ›informierte Personen‹, ohne die spezifische Ausbildung im Fachgebiet der Sozialen Arbeit genossen zu haben. Das können jedoch auch Fachpersonen anderer Berufe sein (insbesondere der Medizin, Psychologie und Jurisprudenz). Ihre Funktion als *Laien* ist es, den Fachpersonen der Sozialen Arbeit in deren spezifischem Fachgebiet ›zu dienen‹, wobei die Laien ohne Ausbildung dafür meist nicht bezahlt werden.

Beim spezifischen Fachgebiet der Sozialen Arbeit besteht die ›Hilfe‹ darin, bei den *hilfsbedürftigen Menschen* Handlungskompetenzen zu entwickeln, damit sie das, dessen sie bedürfen, im sozialen Umfeld selbst beschaffen können; in Bezug auf die Medizin um die Vermittlung der Kompetenzen, gesundheitliche Probleme meistern zu können, usw.

Im Fachgebiet der Medizin sind die Fachpersonen der Sozialen Arbeit die ›freiwilligen Helfer‹, bzw. die Laien, die den Fachpersonen der Medizin ›zudienen‹. Für Lotmar spricht angesichts dieser Wechselseitigkeit nichts dagegen, dass die Fachpersonen der Sozialen Arbeit mit den Fachpersonen der Medizin, der Psychiatrie, der Rechtsprechung oder der Seelsorge usw. auf gleicher Augenhöhe verkehren – im Gegenteil. Denn insofern, als alle diese Fachpersonen zur gleichen Kategorie, nämlich zu den ›Helfenden Berufe‹ gehören, sind sie sich gleichgestellt. Entsprechend stellt Lotmar an die Bereitschaft der Fachpersonen der Sozialen Arbeit zur *interprofessionellen Kooperation* hohe Ansprüche, die sie ohne Bescheidenheit eingehen sollen.

2.3 Soziale Arbeit gehört zur Kategorie der helfenden Berufe und Helfen ist ihr Zweck

Die von Lotmar vorgenommene kategorisierende Differenzierung der Berufe konnotiert ›*helfende Berufe*‹ – der Zeit entsprechend – äußerst positiv. Die zentrale Kategorie ist ›*Helfen*‹ (jemandem beistehen, etwas z.B. mittels einer Intervention ermöglichen, vermitteln, überbrücken, förderlich sein). Der Kern dieser ›helfenden Berufe‹ bezieht sich folglich auf eine bestimmte Form der Kooperation in zwischenmenschlichen Beziehungen, die erkannte Mängel ausgleichen oder unwürdige Verhältnisse verbessern soll.

Der Begriff ›*Helfen*‹ gerät erst ab Ende der 1970er-Jahre in Verruf, und diese Verunglimpfung dauert teilweise bis heute an. Diskutiert werden etwa Phänomene wie das ›Helfersyndrom‹ (das Wolfgang Schmidbauer in seinem umstrittenen Bestseller *Die hilflosen Helfer* beschrieben hat) oder die Gleichsetzung von ›Helfen‹ mit einem pathologischen Altruismus. Auch die verachtende Bezeichnung ›Gutmensch‹[3] ab den späteren 1980er-Jahren, die politisch auch als Kampfbegriff gegen die Soziale Arbeit benutzt wird, gehört dazu.

Für Lotmar sind ›helfende Berufe‹ insgesamt Berufe (Professionen), die auf der Basis von *humanwissenschaftlichem Wissen* und emotionaler Bereitschaft zur *Achtung der Menschenwürde* professionell interagieren. In diesem Sinne beraten, begleiten, erziehen, betreuen, behandeln oder pflegen diese Berufe Menschen, die dabei im Mittelpunkt stehen. Bei dieser ›Hilfe‹ haben nach Lotmar in erster Linie ›humanistische Gedanken‹ handlungsleitend zu sein, die insbesondere sicherstellen sollen, dass die Gestaltung der *Abhängigkeitsbeziehung* zwischen der ›bedürftigen‹ und der ›helfenden‹ Person kontrolliert und begrenzt bleibt.

Bezüglich der Binnendifferenzierung des ›helfenden Berufes‹ *Soziale Arbeit* würde wohl auch Lotmar heute nicht mehr von einer ›ambulant‹ oder ›stationär‹ ausgeführten Hilfe ausgehen, sondern ebenfalls – wie heute üblich – von der *Profession* ›Soziale Arbeit‹ mit ihren *Berufsgruppen* ›Sozialarbeit‹ (statt offener Fürsorge), ›Sozial-

3 Die nietzscheanische Bezeichnung ›Gutmensch‹ ist laut Duden (2022) die Bezeichnung für einen Menschen, der sich unkritisch und übertrieben empathisch und tolerant verhält, und die Political Correctness über alles stellt, selbst wenn es dadurch total absurd wird.

pädagogik‹ (statt geschlossener Fürsorge) und ›Soziokulturelle Animation‹ sprechen, die zusammen in unterschiedlichen Funktionen in verschiedenen *Arbeitsfeldern* des Sozial-, Bildungs-, Gesundheits- und Justizvollzugswesen eingesetzt werden.

Das für den ›helfenden Beruf‹ *Soziale Arbeit* damalig zentrale Konzept der ›psychosozialen Hilfsbedürftigkeit‹ von Menschen, die aus *psychischen* und/oder *zwischenmenschlichen Gründen* der ›sozialen Hilfe‹ bedürfen, verknüpft Lotmar mit dem im globalen Fachdiskurs aktuell verhandelten Konzept der wechselwirkenden ›*Passung*‹ zwischen ›sozialer Umwelt‹ und (individuellem oder kollektivem) ›Verhalten‹ (vgl. z.B. Germain 1971, Hollis 1966 [auf Deutsch 1971], Kamphuis 1965).

Das Konzept ›anpassen‹ wird damals aber häufig nur einseitig umgesetzt: Die Menschen sollten vor allem lernen, ihr *Verhalten* auf die gegebenen *Verhältnisse* abzustimmen, d.h. sich zur Beschaffung des lebensnotwendigen Bedarfs den *Möglichkeiten* in der Sozialstruktur *passend* zu verhalten und mit der sozialen Umwelt zu ›harmonieren‹. Damit werde – so Lotmar – das Konzept der ›Passung‹ aber nicht vollständig realisiert. Denn ›bedürftig‹ sein heiße, dass der Zugang zu und die Teilhabe an den Not-wendenden Bedarfen unterbrochen ist, was auch an den *Verhältnissen* liegen könne. Insofern könne das im Übrigen alle Menschen betreffen, nicht nur die klassische Klientel der Sozialen Arbeit, und bei ihnen genauso zu Mangel führen. Es sei also zwingend, dass Menschen auch über die *Handlungskompetenz* zur bedarfsgerechten Gestaltung der *sozialen Umwelt* verfügen. Und diesbezüglich bedürfen sie unter Umständen eben auch der Hilfe.

Diese Handlungskompetenz sei deshalb notwendig, weil das, was zu den Mitteln gehört, die diesen Mangel beheben würden, von der konkret gegebenen Gesellschaft und ihrer Zeit abhängig ist. Von diesen ›Verhältnissen‹ und der gesellschaftlichen Definition der die Grundbedürfnisse deckenden Bedarfe hängt schließlich auch ab, wer ›Hilfe‹ erhält.

Bloße Anpassung des *Verhaltens* an die *Verhältnisse* kann den Mangel also nicht vollumfänglich beheben; es braucht dafür immer auch Anpassungen der *Verhältnisse* an die *Bedürfnisse* bzw. Bedarfe (vgl. S. 39ff.) der Menschen. Natürlich können Menschen sich und insbesondere ihr Verhalten und Handeln relativ leicht ändern und sich insofern auch den Verhältnissen ›anpassen‹. Aber sie sind eben auch in der Lage, selbst stabilste ›schlechte‹ Verhältnisse durch geschickte Interventionen positiv zu verändern und menschengerecht zu gestalten. Das sind gute Ausgangsbedingungen für die ›gegenseitige‹ Anpassung.

Mit der Betonung der von beiden Seiten her zu realisierenden ›Passung‹ nimmt Paula Lotmar allerdings auch einen zentralen Gedanken der IFSW/IASSW-Definition von 2001 schon fast vierzig Jahre früher vorweg. Dort ist zu lesen: »Soziale Arbeit vermittelt an den Orten, wo Menschen und ihre sozialen Umfelder aufeinander einwirken«; einen Gedanken zur Sozialen Arbeit, der der internationalen Community immerhin so wichtig ist, dass er auch wieder in die IFSW/IASSW-Definition von 2014 aufgenommen wird: »Soziale Arbeit wirkt auf Sozialstrukturen und befähigt Menschen so, dass diese die Herausforderungen des Lebens [das sind ihre praktischen Aufgaben zur bedarfsgerechten Gestaltung ihrer sozialen Umfelder, also ihre *sozialen* Probleme; Anm.: bs] angehen und Wohlbefinden [also die Abwesenheit von Bedürfnisspannungen; Anm.: bs] erreichen können«. (vgl. Schmocker, in: Portmann & Wyrsch, 2019:77ff.)

Lotmar hat also differenzierte Vorstellungen davon, was Soziale Arbeit als ›helfender Beruf‹ und was ›Helfen‹ als ihr Zweck meinen. Gleichwohl geht sie beim Konzept des ›Helfens‹ weit über den allgemein diskutierten Zweck hinaus. Den Gedanken der ›wechselseitigen Passung‹ verbindet sie später etwa mit der Rezeption von Mertons soziologischer Theorie der ›Sozialen Probleme‹ und legt damit endgültig den Grundstein für die Entwicklung der gegenstandstheoretischen Konzeptionen der Sozialen Arbeit zu *sozialen Problemen* (vgl. S. 90ff.) und zu *menschlichen Bedürfnissen* (vgl. S. 39ff.), wie sie später durch die sogenannte ›Zürcher Schule‹[4] entwickelt werden.

4 Mit der ›Zürcher Schule der Sozialen Arbeit‹ wird ein systemtheoretisches Paradigma und eine handlungswissenschaftliche Konzeption der Sozialen Arbeit bezeichnet, die ab Anfang der 1980er-Jahre um Silvia Staub-Bernasconi – einer Schülerin von Paula Lotmar – und ihrem Kollegen Werner Obrecht an der Hochschule für Soziale Arbeit in Zürich entwickelt wurden.

2.4 Soziale Arbeit ist eine reflexive Tätigkeit

Vorerst beschäftigt Lotmar aber ein auf die Praxis bezogenes Problem. Wenn Menschen auf die ›Hilfe‹ der Fachpersonen der Sozialen Arbeit angewiesen sind, sind die guten Ausgangsbedingungen für die ›wechselseitige Passung‹ noch lange keine Garantie dafür, dass deren Interventionen auch effektiv funktionieren. Der ›Hilfe‹, also der Vermittlung von Chancen, Möglichkeiten und Fähigkeiten für die bedarfsgerechte Gestaltung des sozialen Umfeldes (für die Lösung sozialer Probleme; vgl. S. 90ff.), sind – gemäß Lotmar – objektive Grenzen gesetzt. Zumindest können Fachpersonen der Sozialen Arbeit selbst die offensichtlichsten ungerechten Verhältnisse und sozialen Ungleichheiten nicht einfach zurücksetzen.

Angesichts enger Grenzen müssen die Interventionen der Fachpersonen der Sozialen Arbeit umso sicherer und so weit reichend wie möglich funktionieren. Für Lotmar ist – wie sie insbesondere im Zusammenhang mit ihrer eigenen Definition Sozialer Arbeit (vgl. S. 58ff.) deutlich macht – vollkommen klar: Dieses Funktionieren ist nur gewährleistet, wenn die Soziale Arbeit als *reflexiver* (forschungsbasierter, auf wissenschaftliches Wissen bezogener) Beruf ausgeübt wird, und zwar als eine organisierte und planmäßige Aktivität von ausgebildeten und beruflich tätigen Fachpersonen, die darüber hinaus noch bestimmte Eigenschaften mitbringen müssen.

Bei diesem ›Funktionieren‹ spielt für Lotmar in erster Linie die ›*professionelle Persönlichkeit*‹ (vgl. S. 48f.) eine wichtige Rolle. Soziale Arbeit braucht ihr gemäß Personen, die in sich ruhen, nicht aus dem Gleichgewicht zu bringen sind, ihre innere Balance zu bewahren wissen. Es wäre für die Klientinnen und Klienten verheerend, wenn ausgerechnet Fachpersonen der Sozialen Arbeit von äußeren Einflüssen und Vorkommnissen im Umfeld der ›Hilfsbedürftigkeit‹ mitgerissen würden. Sie müssen sich darauf verlassen können, dass sich ihre ›Helfer‹ sicher darin sind, mit klaren Gedanken und stabilen Gefühlen, die Herausforderungen des Lebens zu meistern.

Und vor diesem Hintergrund meint dann der ›Helferwille‹ nach Lotmar eben nicht nur das ›helfen wollen‹, sondern auch die Bereitschaft zu ›rationalem Handeln‹, die in einer realistischen Einsicht in die Bedürftigkeit und deren Handhabung begründet liegt.

Der Begriff ›*Helferwille*‹ ist in den 1960er-Jahren, als ihn Lotmar noch unbesehen nutzt, durchaus positiv konnotiert. Trotzdem spricht Lotmar von ›echtem‹ Helferwillen (als Bereitschaft zu rationalem Handeln), und grenzt ihn damit vom ›bloß imitiertem‹ ab. Es scheint ihr wichtig zu sein, schon von einem ›*starken* Willen zu helfen‹ auszugehen, jedoch nicht im Sinne eines ›getrieben‹ Seins, eines inneren Drangs, helfen zu wollen‹, sondern im Sinne eines Willens, das Beste für die Betroffenen herausholen zu wollen. Dazu braucht es flankierend die Bereitschaft zu ›rationalem Handeln‹.

Die Ausbildung zur Kompetenz dieses rationalen Handelns war Paula Lotmar ein Herzensanliegen. Aufgrund ihrer eigenen Erfahrungen und ihren fortlaufend kritischen Analysen der Lehre an den Schulen für Soziale Arbeit in der Schweiz und im angrenzenden Ausland, kommt sie zum Schluss, dass die Ausbildung in diesem Beruf nicht von beliebigen Ansichten darüber, was die künftigen Fachpersonen mutmaßlich zu tun haben werden, auszugehen habe. Entscheidend sei der genuin eigene Kern des spezifischen, handlungstheoretisch integrierten Wissensbestandes der Sozialen Arbeit, zu dem die ›Basisdisziplinen‹ ebenso beitragen, wie evaluiertes praktisches Erfahrungswissen. Auch hier nimmt Lotmar die IFSW/IASSW-Definition 2014 voraus, wo es heißt: Der Wille, für die Menschen so zu wirken, dass sie ihr Leben voll entfalten können, »stützt sich auf Theorien der eigenen Disziplin, der Human- und Sozialwissenschaften sowie auf wissenschaftlich erforschtes und reflektiertes Erfahrungswissen.«

Zum Zweck der Ausbildung dieser Kompetenz des rationalen Handelns in der Sozialen Arbeit entwickelt Paula Lotmar etwas vollkommen Neues, noch nie Dagewesenes, eine Sensation, die zu reden gibt, nämlich die – wie sie es nennt – ›*Sozialarbeitslehre*‹, die sie in Zürich als berufseigenes Basiswissen erstmals an einer Schule für Soziale Arbeit ins Curriculum einführt.

Mit dem Lehrplan 1973 ist ihre Lehre der Sozialen Arbeit in vollem Umfang realisiert:

Sozialarbeitslehre 1:	latente und manifeste *soziale Probleme*, ihre Diagnose und die Antworten der Sozialen Arbeit: Lösungen auf individueller, allgemeiner und gesetzlicher Ebene
Sozialarbeitslehre 2:	Soziale Arbeit mit Randgruppen (Social Group-Work)

Sozialarbeitslehre 3:	Soziale Arbeit mit lokalen Gemeinwesen und gesellschaftlichen Strukturen (Community-Organization)
Sozialarbeitslehre 4:	das Sozialwesen und seine Organisationen: Finanzierung, Legalität und Hilfsangebote (Zielsetzung, Mittel, Methoden, Wirksamkeit)
Sozialarbeitslehre 5:	Berufsfragen (inkl. Berufsethos)

Insbesondere mit *Sozialarbeitslehre 5* verleiht Lotmar einem ihrer zentralen Anliegen Ausdruck. Zur hohen Anforderung an die fachliche Kompetenz sind auch hohe Anforderungen an die fachliche ›Haltung‹ (Grundeinstellung, Gesinnung) der Fachpersonen der Sozialen Arbeit zu stellen. Denn die Fachpersonen hätten in ihrer Praxis in besonderem Masse Spannungen auszuhalten, u.a. Spannungen zwischen Freiheit und Norm, zwischen Freiheit und Gesetz (vgl. WV 1973, S. 117). Lotmar fordert, dass sich die Fachpersonen eine klare ›Auffassung‹ zu solchen Spannungsfeldern erarbeiten, und diese als ›Berufsfragen‹ gemeinsam reflektieren, weil sie nur so Maßstäbe (Bewertungskriterien) für das Handeln mit ihren Klientinnen und Klienten entwickeln können. Nur mit klaren inneren Einstellungen würden sie schließlich auch begründen können, weshalb sie Risiken eingehen, und notfalls den Mut finden, auch unangenehme Folgen dieser Risiken zu tragen.

Darüber hinaus sei es ihre Pflicht, aus den sich wiederholenden Erfahrungen des Berufsalltages heraus daran mitzuwirken, dass die Spannungsfelder zwischen Pflichten und Rechten kleiner und die soziale Gerechtigkeit grösser werden.

2.5 Menschenrechte und Bedürfnis-Theorien sind tragende Pfeiler der Sozialen Arbeit

Zur Handlung leitenden Rationalität gehören nach Lotmar zwingend auch allgemein ethische Normen und Rechte dazu. Die ›Allgemeine Erklärung der Menschenrechte‹ durch die Vereinten Nationen ist gerade einmal fünfzehn Jahre alt, als sie Lotmar zum zentralen *Prin-*

zip der Sozialen Arbeit erklärt. Sie stützt damit das Kernanliegen dieser ›Erklärung‹ selbst, nämlich dass jeder Mensch ein moralisches Recht auf die Befriedigung der biopsychosozialen Bedürfnisse hat (also auf das Erreichen derjenigen nicht-moralischen Werte, die er/sie als Organismus braucht, um leben und überleben zu können). Und Lotmar macht dieses Recht auch zum Angelpunkt der Sozialen Arbeit, und die Ermächtigung der Menschen zur Realisierung dieses Rechts zu ihrer moralischen Pflicht.

Auch hier wird deutlich: Lotmar ist ihrer Zeit weit voraus! Erst gut 30 Jahre nach ihrem Postulat verschreibt sich auch die globale Soziale Arbeit der *menschenrechtlichen* Aufgabe, zur Befriedigung grundlegender Bedürfnisse beizutragen, und bekennt sich zu ihrer Mit-Verantwortung bei der Bewältigung der universellen Aufgabe, Verbindlichkeit für die Menschenrechte herzustellen. Die beiden internationalen Dachverbände der Sozialen Arbeit (IFSW und IASSW) publizieren 1992, zusammen mit dem damaligen ›Centre for Human Rights‹ in Genf, unter dem Titel: »*Human Rights. Teaching and Learning about Human Rights*«, ein *›Manual for Schools of Social Work and for Social Work Profession‹*.

Darin wird unter anderem auch aus den ›IFSW International Policy Papers‹ von 1988 zitiert:

> »Danach geht die Soziale Arbeit im Sinne einer ›Menschenrechtsprofession‹ vom Grundsatz des unteilbaren Wertes jedes Menschen aus, und verfolgt als eines ihrer Hauptziele die Förderung gerechter Verhältnisse, die den Menschen Sicherheit und Entfaltungsmöglichkeiten bietet, während sie ihre Würde schützen.«

Silvia Staub-Bernasconi macht 1994 im deutschsprachigen Raum ein erstes Mal auf dieses Zitat aufmerksam.[5]

Ab Mitte der 1960er-Jahre gelten im globalen Diskurs um den Gegenstandsbereich der Sozialen Arbeit *›menschliche Bedürfnisse‹*

5 In: Olympe. Feministische Arbeitshefte zur Politik, 1,1/1994:82–89. Dieses darauf Aufmerksam machen, dass die UNO unter anderen Berufen auch die Soziale Arbeit als ›Menschenrechtsprofession‹ benennt, und dass die IFSW (also die globale Organisation der Sozialen Arbeit) diesen Begriff zur Charakterisierung der Sozialen Arbeit bereits 1988 gebrauchte, missdeuten viele Autoren, und sie kolportieren in der Folge, es sei Staub-Bernasconi gewesen, die sich diesen Begriff ersonnen habe, nur in der Absicht, die Soziale Arbeit wichtiger zu machen als sie sei.

als theoretischer Ausgangspunkt. Allerdings reichen die Wurzeln dieser Theorietradition weit in die Geschichte der Sozialen Arbeit zurück: z.B. zu Mary Richmond (vgl. PV, S. 113f.), welche die Gewährung von ›Hilfe‹ von den Bedarfen (secondary needs) anstelle von vorerbrachten Leistungen abhängig machte; oder zu Alice Salomon (vgl. PV, S. 114), die den Begriff ›Bedürfnis‹ zum ersten Grundbegriff der Sozialen Arbeit überhaupt erklärte und definierte; oder zu Jane Addams (vgl. PV, S. 111), die den Begriff ›Bedürfnis-Befriedigungs-Notstände‹ (im heutigen Verständnis: ›Bedürfnisspannungen‹) kreierte; oder zu Ilse Arlt (vgl. PV, S. 111), die eine – für die damaligen Verhältnisse (1921) sensationell – voll ausgebaute (realwissenschaftlich-ökonomische) ›Bedürfnistheorie‹ für die Soziale Arbeit entwickelte. Alle diese weit zurück reichenden Wurzeln sind Lotmar, als an diesen globalen Diskurs aktiv Beteiligte, sicherlich bekannt.

Die theoriegeschichtliche Entwicklung des Konzepts der menschlichen Bedürfnisse und seine Verwendung als Ausgangpunkt der Gegenstandsbestimmung der Sozialen Arbeit setzte sich in den internationalen Diskursen über die Zeit hinweg aber auch fort (vgl. Schmocker, in: Portmann & Wyrsch, 2019:85–88) bis hin zum eben erwähnten UNO-Manual (1992), wo wir folgendes lesen können:

> »Das Gewicht, das die Profession Soziale Arbeit auf ›menschliche Bedürfnisse‹ legt, bestimmt auch ihre Überzeugung, dass die Universalität dieser Bedürfnisse und ihrer Befriedigung nicht die Angelegenheit subjektiver Wahl oder Präferenz, sondern eine Forderung sozialer Gerechtigkeit ist. Entsprechend bewegt sich die Soziale Arbeit hin zur Auffassung der Menschen- und Sozialrechte als zweites Organisationsprinzip professioneller Praxis, welches das erste Orientierungsprinzip der Bedürfnisorientierung ergänzt.« (Centre of Human Rights Geneva, 1992:5)

Inzwischen gibt es verschiedene Bedürfnistheorien, die zumindest einen Überblick über die menschlichen *Bedürfnisse* geben und/oder den Begriff ›*Bedürfnis*‹ erklären, z.B. als diejenigen biotischen, psychischen und sozialen (nicht-moralischen) *Werte*, die menschliche Organismen erreichen müssen, um leben und überleben zu können (vgl. Schmocker, in: Portmann & Wyrsch, 2019:84–88).

Mit der Fokussierung der Menschenrechte innerhalb sozialer Bedingungen werden – auch für Paula Lotmar – die Unterschiede der strukturellen *Möglichkeiten zur Befriedigung dieser Bedürfnisse* und die gesellschaftlichen (insbesondere politischen) *Chancen zur Beschaffung der dazu notwendigen Bedarfe (Mittel)* zum praktischen Bezugspunkt Sozialer Arbeit.

Zum *ethischen* Prinzip der Sozialen Arbeit bezüglich ihrer Menschenrechtsorientierung werden laut der IFSW/IASSW-Definition die *Prinzipien* der Menschenrechte erhoben. Ein zentrales Prinzip der Menschenrechte ist es, dass sie sich am Individuum, an Menschen aus ›Fleisch und Blut‹ orientieren und ihre Rechte schützen wollen. Die/der Einzelne ist Objekt der *Menschenwürde*, um sie drehen sich die Menschenrechte. Vor diesem Hintergrund ordnet Lotmar die ›Hilfsbedürftigkeit‹ nochmals gegen den Zeitgeist. Insbesondere bei der ›Hilfsbedürftigkeit‹ könne es nicht um Schuld und Schuldzuweisungen gehen. Und auch ›Hilfsbedürftige‹ haben, ihr gemäß, ein Anrecht darauf, nicht bloß toleriert, sondern akzeptiert zu werden. Wer sie bloß toleriert, sie z.B. als notwendiges Übel oder als Last begreift, die man ertragen müsse, missachtet den Gleichheitsgrundsatz.

Es gebe im Übrigen zwischen Toleranz und Akzeptanz eine deutliche Grenze. So gebe es z.B. ›Verhalten‹, das nicht toleriert werden dürfe, und folglich auch nicht akzeptiert werden könne. Ebenso gelte aber, dass nicht alles, was zu tolerieren ist, auch akzeptiert werden muss. Wenn das Nicht-Akzeptable geduldet werde, gehe Toleranz zu weit. Aber diejenigen, die man akzeptiert, toleriert oder duldet man nicht nur, man heißt sie gut, man erweist ihnen Respekt. Aber wenn das, was eigentlich akzeptiert werden sollte, bloß geduldet werde, reiche das nicht aus und sei unmenschlich.

2.6 Fachliches Handeln basiert auf analytischem, ethischem und methodischem Wissen

In ähnlich dialektisch differenzierender Art erschließt Paula Lotmar auch den *handlungstheoretischen* Kern des fachlichen ›Helfens‹. Dazu unterscheidet sie kognitive Funktionen, die es zueinander in Relation zu stellen gelte: Das genaue Hinschauen und Erkennen, was eigentlich los ist, ist das erste Gebot. Auf der Basis solcher Erkenntnisse ist die Situation dann vor dem Hintergrund des Werte-Gebäudes der Sozialen Arbeit zu bewerten; und mit dieser Bewertung erst sind schließlich die Ziele für eine menschengerechte Verbesserung der Situation zu setzten. Und vor diesem Hintergrund sind dann – in der Logik der konkreten Klientinnen und Klienten – entsprechende Handlungs-Pläne für die ›Hilfe‹ zu erstellen und umzusetzen.

Mit anderen Worten: Der Modus der handlungstheoretischen Konzeption von Lotmar besteht im klassischen – auf eine konkrete Person-in-ihrer-Situation[6] bezogenen – Dreischritt: ›*sehen – urteilen – handeln*‹, dessen Konzept in den 1960er-Jahren insbesondere durch die christlich-soziale Arbeiterbewegung entwickelt wurde.

Beim ›Handeln‹ wird der involvierten Fachperson der Sozialen Arbeit nach Lotmar gleichsam eine doppelte Perspektive abverlangt, d.h. sie muss (insbesondere bei der Handlungsplanung) gleichzeitig erfassen, was auf Seiten der Klientinnen und Klienten (›Hilfsbedürftige‹) und was auf Seiten der Fachpersonen (›Helfer‹) zu geschehen hat. Ihr vor allem muss im Detail klar werden, was sie selbst, wie und mit welchen Mitteln zu tun und dazu beizutragen hat, damit die Bemühungen der Klientinnen und Klienten zur Situations-Veränderung gelingen. Denn sie muss bezüglich der Ziele zur Veränderung der Situation subsidiär wirksam werden und entsprechend intervenieren.

Doch Lotmar geht auch hier darüber hinaus. Denn für sie steht die *Kommunikation* im Zentrum jeder Intervention. Ein ›helfender Beruf‹ bezieht sich ihr gemäß auf die kommunikative Arbeit von professionell agierenden Fachpersonen, diese interagieren zwischen ihnen als Expertinnen und den hilfesuchenden Klientinnen und Klienten als primär Handelnde. Diese kommunikative Arbeit wird initiiert, um Letzteren dabei zu ›helfen‹, ihre innere Verfassung so zu ändern oder zu stärken, damit sie ihre Probleme (Aufgaben) meistern können. Fachliches ›Helfen‹ in der Sozialen Arbeit verlangt die spezifische Gestaltung bestimmter Interaktionen zwischen Menschen in einer charakteristischen Abhängigkeitsbeziehung.

Was allerdings der Begriff ›*gesunder Menschenverstand*‹, den Lotmar selbstredend benutzt (vgl. S. 31), im Kontext des lehr- und

6 Hier dürfte auch das PIE (person-in-evironment) Modell Pate gestanden haben, das im internationalen Diskurs der Sozialen Arbeit in den 1950er-Jahren im Rahmen der psychosozialen Theorie (insb. nach Erik Erikson) als deren Hauptprinzip diskutiert und in den 1970er-Jahren insbesondere von Carel B. Germain auch wieder aufgenommen wurde (also lange bevor Mitte der 1990er-Jahre James Karls und Karin Wandrei den Begriff PIE für ihr Klassifikationssystem verwenden).

lernbaren handlungstheoretischen Kerns des fachlichen, rationalen ›Helfens‹ zu suchen hat, bleibt unklar. Zudem ist er – zumindest für heutige Ohren – unpräzis.

Nach Kant wäre damit der durchschnittliche Verstand eines gesunden Menschen gemeint, könnte aber auch als weitverbreitete und unbestrittene, gar als von Lehrmeinungen ungetrübte Überzeugung verstanden werden.

Und wenn es zutrifft, dass der ›gesunde Menschenverstand‹ spontan Urteile aufgrund alltäglicher Lebenserfahrungen fällt und eher auf die Praxis des Sozialverhaltens ausgerichtet, und insofern eben *praktisch* nützlich ist, dann widerspricht das den Vorstellungen Lotmars über das fachliche ›Helfen‹.

Erst recht, wenn zutrifft, was Einstein mal gesagt haben soll: Dass der ›gesunde Menschenverstand‹ keine nützliche Einrichtung, weil bloß eine Ansammlung von Vorurteilen sei, die sich in den Köpfen der Menschen abgelagert hätten, noch bevor sie 14 Jahre alt würden; er sei das biologische Brett vor dem Kopf, das den Durchblick zur wissenschaftlichen Einsicht verhindern würde.

Der ›gesunde Menschenverstand‹ ist so gesehen also eine gefährliche Illusion, mit der wir Menschen aber trotzdem ständig Urteile fällen; ein falsches ›Bauchgefühl‹, das uns zu Meinungen verführt, nur weil wir das für wahrscheinlicher halten, was wir z.B. sehr oft hören oder lesen oder was alle sagen. Dabei ist die sehr hohe Wahrscheinlichkeit längst erwiesen, dass wir falsch liegen, wenn wir nicht über echte empirische, faktische Gewissheit, also Wissenschaft, verfügen.

Wie auch immer: Für Lotmar scheint zwar gesichert, dass fachliches Handeln auf analytischem, ethischem und methodischem Wissen basiert. Aber sie bleibt – für sie eher ungewöhnlich – in der theoretischen Beschreibung des handlungstheoretischen Kerns des fachlichen Helfens gleichwohl ziemlich vage.

2.7 Die Ausbildung der Fachpersonen ist der Angelpunkt für die Wirksamkeit des Berufes

Hingegen steht der Name Paula Lotmar quasi synonym für erstklassige Ausbildung der Fachpersonen der Sozialer Arbeit. Die Konzeptionen der damaligen ›Sozialen Frauenschulen‹ gehen – zumindest im deutschsprachigen Raum – weitgehend auf Alice Salomon (vgl. PV, S. 114) und ihr Netzwerk (zu dem insbesondere auch die IASSW gehört, die bis 1933 ihren Sitz an ihrer Schule in Berlin hat) zurück. Diese sehen – nach dem ›Hannover-Modell‹ (nach der 1905 in Hannover gegründeten Lehranstalt) einer Alice-Salomon-Schule – vor, dass die *Lehre* an der Bildungsstätte absolviert wird, während die Einübung der Praxis in Form von *Praktika* in die Organisationen des Sozialwesens ausgelagert bleibt.

Alice Salomon selbst hält allerdings an ihrem eigenen ›Berliner-Modell‹, also an der engen Verbindung von Theorie und Praxis, fest: ähnlich wie bei der medizinischen Ausbildung bleibt die Praxis in die Lehre integriert, d.h. fachliche Interventionen werden ›live‹ vor studierendem Publikum durchgeführt, besprochen und evaluiert; oder das Seminar wird in die Praxisräume der Organisationen verlegt, wo die Dozentinnen vor den Studentinnen agieren. Diese aufwändige Form der Ausbildung, die auch Ilse Arlt (vgl. PV, S. 111) – kombiniert mit der Museumspädagogik – für ihre Schule wählt, hat sich in der Folge dann aber (zumindest in der Schweiz) nicht durchgesetzt. Hier setzt sich das ›Hannover-Modell‹ durch, wohl auch um die Anonymität der Klientinnen und Klienten zu schützen. Daran hält sich auch die Schule in Zürich, an der Lotmar lehrt, obwohl diese 1908 als Abbild der Women's University Settlement in London entsteht und bis 1920 auch so funktioniert.

Bei allen Schulen der Sozialen Arbeit, die der Tradition der emanzipativen Frauenschulen der (Englischen und Deutschen) Bürgerlichen Frauenbewegung entspringen, also auch an der Schule in Zürich, spielt die Bezugnahme auf die interdisziplinären Erkenntnisse der human- und sozialwissenschaftlichen Disziplinen (Anthropologie, Medizin, Psychologie, Soziologie, Nationalökonomie usw.) eine zentrale Rolle. Demgegenüber steht die Entwicklung einer eigenen Wissenschaft (wie das die ›Krankenschwestern‹ im gleichen Zeitraum für ihren Fachbereich mit ihrer Pflegewissenschaft realisieren) allerdings nie ernsthaft zur Debatte[7]. Das gilt auch für Lotmar. Dem eigenen

7 In der Schweiz gibt es mit der Luzerner ›Fürsorger-Abendschule‹ (1959–1995), die personell und curricular eng mit der Universität in Fribourg liiert ist und die nicht aus der bürgerlichen Frauenbewegung, sondern aus der christlich-sozialen Arbeiterbewegung hervorgeht (sich dann aber für eine Fu-

Fachwissen misst sie anfangs der 1960er-Jahre noch nicht einmal eine disziplinär-wissenschaftliche Qualität zu; im Gegenteil, sie spricht sich zunächst dezidiert gegen die Vorstellung und Politik aus, dass es so etwas wie eine ›*Sozialarbeitswissenschaft*‹ geben könnte (vgl. S. 58ff.).

Es lässt sich nicht eindeutig festmachen, wann Paula Lotmar auch in ihrem Berufsverständnis den berufs- und wissenschaftstheoretischen hoch bedeutsamen Wechsel von der expliziten und vollständigen Negation einer Wissenschaft der Sozialen Arbeit hin zu einer – bei ihr bis zum Schluss wohl eher impliziten – Akzeptanz einer Sozialarbeitswissenschaft vollzieht.

1963 vertritt sie jedenfalls noch die Ansicht, dass in der *Lehre* sorgfältig ausgewähltes und zusammengetragenes ›wissenschaftliches Basiswissen‹ mit ›beruflichem Erfahrungswissen‹ in Verbindung gebracht werden müsse. Nur dieses gestaltend anordnende Zusammenfügen (die ›Konfiguration‹) der unterschiedlichen Wissensbestände ergebe eine unverkennbare Eigenheit, die nach dem *Identitäts-Theorem* von Kamphuis (vgl. PV, S. 113) zudem identitätsbildend sei.

Allerdings fordert sie, berufspolitisch essenziell, immer wieder, nicht nur die Deutungshoheit für ihr Fach ein, sondern sie schafft auch verschiedene Möglichkeiten zur Entwicklung individueller Berufsidentität und kollegial geteilter Berufskompetenz, insbesondere auch mit ihrer wohl markantesten Innovation, der Implementierung der *Sozialarbeitslehre* in der Ausbildung (vgl. S. 38f.). Darüber hinaus gestaltet sie nebenbei auch den theoretischen Übergang von der rein beschreibenden zur erklärenden *Analyse* der Wirklichkeit der (später so genannten) ›sozialen Probleme‹ (vgl. S. 91f.) und des konkreten Sozialwesens. Oder anders gesagt: Ihre ›Sozialarbeitslehre‹ ist eben nicht nur ein Nebenfach, sondern eine integrierte Theorie der Sozialen Arbeit, mit allem, was dazu gehört.

Etwas anders sieht es mit der Praxis der Sozialen Arbeit aus. Die zeitgenössischen Ansichten über die ›Methoden-Frage‹, die mit der ›Methoden-Trias‹ case-work, group-work, community organization beantwortet wird, welche offensichtlich auch Lotmar teilt, sind jedenfalls wieder ziemlich weit von dem entfernt, was wir heute darüber denken.

sion und in der Neugründung einer ›Fachschule für den Sozialbereich‹ auflöste), für 35 Jahre eine bedeutsame Ausnahme.

Methoden (›Effektivität‹) sind im heutigen Verständnis spezifizierte und wiederholbare Verfahren (meist Bündel von Verfahren) im Rahmen eines Handlungsprozesses; z.B. eine praktisch geordnete, durch Regel gesteuerte Abfolge von Handlungsschritten (z.B. die Gesprächsführung als Methode). Solche Regelsysteme können entweder auf Erfahrung (Faustregel) oder auf Handeln erklärenden Theorien (Technologien) beruhen. Eine Technologie (und insofern auch eine Methode) wäre dann eine die Veränderungs-Mechanismen erklärende Theorie.

Können, d.h. die Beherrschung von Fertigkeiten, die Handhabung von Techniken, kann (wenn es sein muss sogar mittels Drills) trainiert und jederzeit in der Praxis abgerufen werden, auch ohne dabei auf irgendwelche Theorien oder gar Analysen zurückzugreifen. Ein gut absolviertes Training mit dem Ergebnis von Routinen macht deshalb noch lange keine problemlösende Berufsarbeit aus. Denn dazu ist *Wissen* unverzichtbar.

Wissen (›Wahrheit‹) ist ein kognitives System von Aussagen; im Falle von wissenschaftlichem Wissen: ein System von ›wahren‹ Aussagen.

Zwischen den beiden Bereichen ›Wissen‹ und ›Können‹ besteht aber ein Gap. Jedenfalls gehen wir heute davon aus, dass Wissen grundsätzlich nicht ›angewendet‹ werden kann, weil ›Effektivität‹ und ›Wahrheit‹ zwei unterschiedliche Kriterien-Bereiche sind. Wir betreiben heute viel handlungstheoretischen Aufwand, diesen Gap zu überbrücken. Das scheint für damals nicht der Fall zu sein. Hier wäre also interessant von Lotmar zu erfahren, wie ihrer Ansicht nach »in den Methoden das ›Wissen anwenden‹« praktisch vor sich gehen soll.

Möglicherweise wegen dieser damaligen Verlegenheit bezüglich der Methoden, soll die Ausbildung zur Fachperson der Sozialen Arbeit nach Lotmar ein deutliches Gewicht auf die ›Formung der beruflichen Persönlichkeit‹ legen. Diese ›professionelle *Persönlichkeit*‹ umfasst laut Lotmar Eigenschaften wie ›Reife‹, ›Verantwortung‹, ›Harmonie‹ (also Ausgeglichenheit) und ›Stabilität‹. Das heißt nach Lotmar: sich selber gut kennen, über eine gut ausgebildete Emotionalität (Verknüpfung von Affekten und Kognition), eine verarbeitete Vergangenheitsbewältigung, eine realistische Vorstellung zum eigenen Leben, Kohärenz im Lebensvollzug, Einsicht in die Sinnhaftigkeit des eigenen Lebens, usw. zu verfügen; oder allgemein: mit sich im Reinen und sich selbst gegenüber tolerant zu sein, sich selbst zu respektieren und zu den eigenen Grenzen zu stehen – und nicht zuletzt: über ein positives Selbstbild zu verfügen.

Leider ist in den Unterlagen von Lotmar kein konkreter Ausbildungsplan für dieses Lehrziel einsehbar. Auch hier möchte man sie gerne fragen, wie entsprechend zielgerichtete Lerneinheiten gestaltet werden müssten.

Persönlichkeit ist allgemein gesprochen eine Resultante individuellen Verhaltens, das von mentalen und kognitiven Prozessen motiviert und gesteuert wird, und deshalb im betreffenden Gehirn typische ›Strukturen‹ hinterlässt. Die Persönlichkeit einer konkreten Person ist also eine Repräsentanz ihres z.B. kooperativen oder vorurteilslosen oder anteilnehmenden etc. Verhaltens, das sie im Rahmen ihrer Selbstregulierung quasi täglich einübt.

›Affekte‹ bilden somit die *Voraussetzung* für ›Persönlichkeit‹, und ›Kognitionen‹ (also Erkenntnis- oder Lernprozesse) machen sie spezifisch. Die je besondere Komposition der Affekte und Kognition bringen entsprechende neuronale Strukturen hervor. Und der Verhaltensaspekt ›Persönlichkeit‹ wirkt sich dann wiederum rückkoppelnd auf Kognition und Affekte aus.

›Persönlichkeit‹ ist also nicht von Geburt an vorhanden, sondern bildet sich durch das Verhalten und seinen Rückkoppelungen mit der Entwicklung des Gehirns heraus. Umgekehrt kann sie sich aber, abhängig von Erfahrungen und Umweltereignissen, durch operative Eingriffe oder traumatische Erlebnisse, auch relativ abrupt verändern oder gar zusammenbrechen. Die Entwicklung der ›Persönlichkeit‹ findet zudem in einer konkret spezifischen sozial-kulturellen Umgebung statt, die von der Vorgängergeneration gestaltet ist und daher einen bestimmten Entwicklungsstand aufweist, hinter den das sich in Entwicklung befindliche Individuum nicht mehr zurück kann.

Persönlichkeitsverändernde Lernprozesse müssten vor diesem Hintergrund in außerordentlich hohem Maß den emotionalen Bereich berücksichtigen und vor allem *emotionales* Lernen fördern. Zudem müssten entsprechende Impulse zur ›richtigen Zeit‹ (Prägungsphasen, sensible Phasen) erfolgen, um dieses Lernen erst zu ermöglichen.

Es bleibt also offen, wie die berufliche ›Persönlichkeit‹ da im Rahmen eines Lehrganges in Sozialer Arbeit – zumal in der heutigen Zeit – ausgebildet werden soll.

Was in diesem Zusammenhang von Bedeutung sein könnte und hier aber nochmals unterstrichen werden soll: Viele ihrer ehemaligen

Schülerinnen (und später auch Schüler) berichten oft darüber, wie gut es Paula Lotmar gelungen sei, sie mit einer überaus tragfähigen *Berufs-Identität* zu ›infizieren‹. In dieser zentralen Funktion einer beruflichen Hochschul-Bildung wäre Paula Lotmar als begnadete Lehrerin ein leuchtendes Bespiel auch oder vor allem für die heutigen Hochschulen für Soziale Arbeit.

Soweit die einstweilige Diskussion zu den Standpunkten von Paula Lotmar, wie sie anhand ihres klar geordneten ›Leitfadens‹ zu ihrem Berner Referat vom Februar 1963 zu den ›neueren Auffassungen zur und Entwicklungstendenzen in der Sozialen Arbeit‹ rekonstruierbar sind.

3 Annäherung an die Konzeptionistin Paula Lotmar

Im Folgenden wird versucht, dem konzeptionellen Schaffen von Paula Lotmar in der Absicht auf die Spur zu kommen, einige Aspekte ihrer Gedanken für und eingebettet in die heutige Soziale Arbeit sicht- und nutzbar zu machen. Grundlage dafür ist das eher knapp vorhandene Schrifttum (vgl. WV, S. 115ff.) von ihr. Dies ist nicht mehr vollständig und besteht zur Hauptsache aus relativ kleinen, kompakten Texten, die meist eine klar eingegrenzte Fragestellung erörtern. Es geht bei der Betrachtung dieser schriftlichen Hinterlassenschaft nicht um eine formale Textanalyse, vielmehr interessieren Lotmars Denkweise und ihre Einsichten in die Soziale Arbeit. Statt ihre Artikel, Skripte und Referate zusammenzufassen und nachzuerzählen, wird hier der Versuch unternommen, zentrale Aussagen aus ihrem Oeuvre in der Weise zusammenzustellen bzw. zu diskutieren, dass sich daraus eine Skizze ihrer *Theorie der Sozialen Arbeit* rekonstruieren lässt. Um sich dieser Skizze anzunähern, braucht es allerdings eine konzentrierte Lektüre ihrer Veröffentlichungen, ebenso ein feinsinniges Sensorium auch für die kleinsten dort verstreuten Hinweise.

Zur schmalen Basis für die Herausarbeitung ihrer Konzeptionen zur Sozialen Arbeit kommt hinzu, dass sie ihre Texte vor deutlich mehr als einem halben Jahrhundert und im damaligen, gesellschaftlich, sozial und beruflich herrschenden Umfeld verfasst hat. Das könnte leicht dazu verleiten, dem Denken von Lotmar eine gewisse Antiquiertheit zu unterstellen. Das würde ihr jedoch nicht gerecht: Wäre sie heute aktiv, wären ihre Texte ebenso hoch aktuell und ohne Zweifel so avantgardistisch wie damals.

Lotmar lehrt, referiert und legt zu einer Zeit eigenständige *theoretische Konzeptionen* zur Sozialen Arbeit vor, als dies, zumindest im deutschschweizerischen Raum, noch alles andere als selbstverständlich ist. Vor allem schreibt sie als Fachperson der Sozialen Arbeit selbstermächtigend *für* die Lehre und die Praxis der Sozialen Arbeit zu einer Zeit, als das üblicherweise ausschließlich Theologen, Ärzte,

Psychiater, Psychologen oder Juristen tun, die sich so der Sozialen Arbeit definitorisch bemächtigen.

Lotmar äußert sich öffentlich zu den Bedingungen und Notwendigkeiten einer *Professionalisierung* der Sozialen Arbeit zu einer Zeit, als es dafür noch viel Mut braucht und man ständig in Gefahr steht, sich damit der Lächerlichkeit preiszugegeben. Und sie argumentiert dezidiert gegen die vorherrschende Meinung ihrer Zeit, die Soziale Arbeit könne ihre eigenen Ansprüche und Ziele nicht mit dem erreichen, was ihr zu tun aufgegeben sei.

Lotmar reflektiert ihre Praxis laufend *sozialarbeitswissenschaftlich* zu einer Zeit, als es noch zum kulturellen Selbstverständnis praktisch aller Fachpersonen gehört, dass die Soziale Arbeit keine Theorie habe und auch keine brauche.

Lotmar schreibt über die wissenschaftliche *Forschung* der Sozialen Arbeit zu einer Zeit, als man sich noch nicht mal Gedanken über die Opportunität sozialarbeitswissenschaftlicher Lehrstühle an Universitäten macht. Und sie stellt relevante Fragen an die Forschung der Sozialen Arbeit, die heute noch aktuell sind.

Lotmar hält an ihrem *berufspolitischen Anliegen* fest, den Studierenden der Sozialen Arbeit die notwendige fachliche Identität (Berufsidentität) zu erschließen, und dass hierfür die Schulen für Soziale Arbeit in der Verantwortung stehen. Sie hätten die spezifischen methodischen Instrumente zu konzipieren und zu lehren, mit denen die künftigen Fachpersonen der Sozialen Arbeit ihre Selbst- und Sozialkompetenz entwickeln können, was u.a. Voraussetzung für den Aufbau einer Berufsidentität sei.

In all diesen Belangen ist Paula Lotmar nicht nur Wegbereiterin, sondern auch *Konzeptionistin*. Und sie ist dabei im weiten Feld der Praxis, der Lehre und den Strukturen des Sozialwesens oft allein. Sie stellt sich praktisch der nach wie vor zähfließenden sozial-kulturellen Bedächtigkeit der Sozialen Arbeit, die für sie in den 1950er- und anfangs der 1960er-Jahre noch typisch ist, in den Weg. Mit ihren Publikationen, z.B. zur Definition der Sozialen Arbeit (vgl. S. 58f.), richtet sie an die damals praktizierende Soziale Arbeit im real existierenden Sozialwesen ihrer Zeit Fragen wie etwa folgende: Inwiefern und in welcher Weise muss die Soziale Arbeit den sozialen Wandel beeinflussen und lenken? Wo aber, bzw. in welchen Funktionen und bei welchen Aspekten des menschlichen Zusammenlebens, ist Beharrungsvermögen der Sozialen Arbeit gefragt? Oder: Worin besteht der

Beitrag der Sozialen Arbeit an die demokratisch verfasste Gesellschaft bezüglich der Grundwerte und der Menschenrechte? usw.

Drängende Fragen richtet sie auch an die Ausbildung in Sozialer Arbeit – ihr eigenes Tätigkeitsfeld – an die Schulen bzw. deren Studienfächer: Was ist von dem, was gelehrt wird, überhaupt noch zeitgemäß? Wie kann die Lehre der Sozialen Arbeit mit der sich schnell ändernden Welt Schritt halten? Wo wirft sie in blinder Fortschrittsgläubigkeit scheinbar Überholtes über Bord? Welche Ausrichtungsentscheide und Fehlanpassungen der Sozialen Arbeit, bzw. deren Lehre behindern den sozialen Wandel hin zu mehr sozialer Gerechtigkeit? usw.

Aber es ist nicht Lotmars Art, es beim Fragenaufwerfen bewenden zu lassen. Sie wirkt mit viel Herzblut im wahrsten Sinne des Wortes als Lernbegleiterin für angehende Fachpersonen, die sich vor dem Hintergrund der sich rasant ändernden Verhältnisse auf das fachlich korrekte Handeln in der Sozialen Arbeit vorbereiten. Lotmar sieht ihre Funktion vor allem darin, den Studierenden die Einsichten in den Beruf und die Praxis, die sich auch in einer Fülle an Fachliteratur manifestiert, zugänglich zu machen. Und das bedeutet für sie vor allem, dutzende von Fachartikeln aus dem Amerikanischen, Französischen und Holländischen zu übersetzen, und sie in verwendbare Unterrichtsunterlagen umzugießen. (Diese Dokumente sind heute leider nicht mehr vollständig vorhanden, erst recht nicht systematisch abgelegt.)

Für den Versuch, Fragmente einer Lotmar'schen Theorie Sozialer Arbeit zu rekonstruieren, wird hier eine wissenschaftstheoretische Ordnung vorgeschlagen, wie sie heute mutmaßlich auch von ihr benutzt würde. Entlang der handlungswissenschaftlichen Sektionen ›Menschenbild‹, ›Gegenstandsbereich‹, ›Zuständigkeits- und Funktionsbereich‹, ›Handlungstheorie‹ und ›Berufs- und Ausbildungspolitik‹ sowie der Bereichs-Ethik der Sozialen Arbeit, sollen einige ihrer Konzeptionen und zentralen Aussagen zu einem Gesamtbild verwoben werden (die Jahreszahlen in Klammern verweisen jeweils auf die Originalquelle, die im Werk-Verzeichnis, S. 115ff., aufgeführt sind).

Die folgende Diskussion mag deutlich machen, wie sehr Paula Lotmar uns heutigen Fachpersonen der Sozialen Arbeit Anerkennung und Hochachtung abverlangt. Wie auch immer sie ihre Bedeutung selbst eingeschätzt haben mag (vermutlich würde sie sie in echter

Bescheidenheit stark relativieren): Für uns lässt sich heute zumindest die Bedeutung ihres theoretischen Denkens abschätzen, das insbesondere dazu dienen kann, das Entdecken von begründbaren Möglichkeiten zu fördern, *Wertfragen* in die Analyse *praktischer* ›sozialer Probleme‹ (vgl. S. 91f.) zu integrieren. Indem Lotmar Diskrepanzen bei dieser Integration sichtbar macht, ist sie ihrer Zeit weit voraus, und zeigt uns dennoch gangbare Wege für Entwürfe auf, die heute Mobilisierungskraft für die Erneuerung hin zu einer fachlich qualifizierten Sozialen Arbeit besitzen. Davon handelt dieses Kapitel.

3.1 Konzeptionelles zum Menschenbild der Sozialen Arbeit

Einige in der Sicht von Lotmar hervorragende Merkmale des Menschenbildes der Sozialen Arbeit lassen sich in ihrer schriftlichen Hinterlassenschaft relativ leicht finden; viele andere sind jedoch gut versteckt. Klar scheint: Menschen sind für sie *keine idealistischen Vorstellungen*, sondern Lebewesen ›aus Fleisch und Blut‹, mit Stärken und Unzulänglichkeiten, die ›Schwierigkeiten bei der wechselseitigen Anpassung‹ haben können, vor allem aber grundsätzlich über die Fähigkeit verfügen, sich die Lösungen selber zu erarbeiten und die eigenen Probleme zu meistern. Jeder Mensch habe ihm/ihr gegebene Möglichkeiten, sich zu ändern – manchmal müsse die Soziale Arbeit ihnen nur helfen, die richtigen Entscheidungen zu treffen. (1950)

Manchmal seien diese Möglichkeiten aber auch sehr eingeschränkt, z.B. bei einer Invalidität. Für die im Einzelfall beste Lösung würden mancherlei Voraussetzungen nötig sein, in Bezug auf die Invalidität z.B. die eigene Bereitschaft des ›Behinderten‹, *trotzdem* das Leben zu meistern; aber auch die Bereitschaft der Umwelt, der Angehörigen und der Wirtschaft, sich dem ›Gebrechlichen‹ liebevoll anzunehmen und ihm zusätzliche Möglichkeiten zu bieten. Vor allem sei eine finanzielle Basis unabdingbar, die ihn vor ›unverschuldeter Armengenössigkeit‹ (schweizerisch, veraltet: von der Armenpflege abhängig und berechtigt, staatliche Sozialleistungen in Anspruch zu nehmen) bewahrt; deswegen sei auch die Einführung der Invalidenversicherung (IV), die erst 1961 erfolgt, absolut notwendig. (1955)

Lotmar ist überzeugt, dass sich die Soziale Arbeit ein durch und durch humanistisches Menschenbild vorgibt, das begründet, weshalb jedem Menschen die gleichen Chancen und Rechte zuzugestehen sind, oder, weshalb alle Menschen mit Würde und Selbstachtung in normalen sozialen und wirtschaftlichen Verhältnissen leben sollen und insbesondere, weshalb diese Würde, Anerkennung und Achtung von der Politik und vom Gesetz her zu garantieren sind. Deshalb ist sie auch der festen Überzeugung (die sie mit Maria Kamphuis teilt; vgl. PV, S. 113), dass Soziale Arbeit immer auch ›*politisch*‹ ist. (1955)

Zum ›Mensch-Sein‹ gehören für Lotmar sodann die Interaktions- und Kooperations-Beziehung von *Menschen zu Menschen*. Im Rahmen einer Rede vor den frisch diplomierten Kolleginnen erläutert sie dies im Jahr 1960. Beziehung zwischen Menschen sei ›Kontakt‹, ›Berührung‹, Bereitschaft sich gegenseitig zu sehen, sich anzuhören, sich anzuerkennen und für den/die andere/n zu öffnen. Verbundenheit [Stichwort ›Bindung‹, Anm. bs] sei das Kennzeichen der Beziehung zwischen Menschen; einer Form von Beziehung, die einer guten Pflege bedürfe, denn es gehe um die Beziehung als solche, wo das Wesentliche eben die Verbundenheit sei; und nicht ein gemeinsames Interesse, ein gemeinsames Tun oder eine gemeinsame Gesinnung. Solche Beziehungen seien das Wesen *menschlicher Gemeinschaft*.

Fachpersonen der Sozialen Arbeit, die auch Menschen sind, aber nicht zum primären sozialen Umfeld der Klientel, also zu den ›verbundenen‹ Individuen, Familien, Gruppen, gehörten, hätten die Funktion, Not wendende ›Bedarfe‹ aus gesellschaftlichen ›Beständen‹ zu vermitteln.

Ein Unterschied in der Art der Beziehungen liege folglich darin, dass die Fachperson der Sozialen Arbeit von den Klientinnen oder Klienten in ihrer ›*Funktion* als …‹ aufgesucht werde. *Sie* ›wählten‹ einen – zwar ganzen – Menschen, der/die ihnen jedoch ausschließlich fachgerecht beistehen soll und sich mit jenen Qualitäten für sie einsetze, die für die *Hilfe* wichtig sind. Sie würden Wissen und Können erwarten, mit denen ihre Probleme lösbar werden. Aber es sei keine ›in Verbundenheit ruhende‹ Beziehung, in der es sie auch kümmern würde, wer diese Menschen außerhalb dieser Funktion sind und wie sie leben. Das sei eben das Wesen einer Dienstleistung.

Die Fachperson der Sozialen Arbeit müsse ›Mensch und Situation‹ in ihrer Verknüpfung sehen und wahrnehmen. Sie müsse wissen, wer die Klientin, der Klient ist, wie er/sie handelt, fühlt und reagiert. Dabei könne sie das nicht gefühlsmäßig intuitiv ergründen, wie bei einer in gemeinschaftlicher Verbundenheit ruhenden Beziehung, sondern müsse es mit mühevoller diagnostischer Verstandesarbeit und objektiver Beurteilung systematisch analysieren, immer mit dem Fokus auf der Lösung der schwierigen Situation als zu erreichendem Ziel: Es ist eine funktionelle Beziehung. (1960)

Lotmars Menschen- und Gesellschaftsbild zeigt, was Menschen sind und vor allem, zu was sie fähig sind. Ein zentraler Hintergrund für ihre Sichtweise ist die Überzeugung, dass das ›Mensch-Sein‹ nur in Gemeinschaft und Gesellschaft möglich ist. Die Sorge für andere, die ›Für(andere)sorge‹ oder die ›Care-Arbeit‹ (die Hilfe von Mensch zu Mensch) ist ein unverzichtbarer Teil des *gemeinschaftlichen Handelns*; eine zwar von einzelnen (noch immer überwiegend von Frauen) geleistete Arbeit, die aber immerhin in der – auch hier greift Lotmar vor – »gemeinschaftlichen Verantwortung« (IFSW/IASSW-Definition 2014) liegt. Es brauche die vermittelnde (vertikale) Beziehung zwischen gesellschaftlichen Systemen und einzelnen Menschen, die durch die Fachpersonen der beruflichen Sozialen Arbeit in ihrer zentralen Funktion ausgeführt werde – der Förderung dieses gemeinschaftlichen Handelns.

Nach ihrem Aufenthalt in den USA (1961/1962) resümiert dies Lotmar in einem ihrer Berichte: Jede/r Einzelne brauche zur Bewältigung seiner/ihrer Lebensaufgabe, für sein ›Social Functioning‹, innere Kräfte, äußere Mittel und einen Plan für zielgerichtetes Handeln. Es könne vorkommen, dass seine/ihre physischen oder psychischen Kräfte geschwächt sind, oder die äußeren Mittel nicht ausreichen, und es könne sein, dass diese ›Störungen‹ im *sozialen* Leben [also nicht im psychischen oder im biotischen Leben; Anm. bs] nur noch mit Hilfe einer Fachperson der Sozialen Arbeit behoben werden können. Diese Fachperson befasse sich, als Mitglied eines helfenden Berufes, mit einer besonderen Art von Hilfe, indem sie die *individuellen* Kräfte von Hilfsbedürftigen und Helfenden, die Möglichkeiten in den *zwischenmenschlichen* Beziehungen und die *sozialstrukturellen* Hilfsquellen der Gesellschaft einsetze und fördere.

Lotmar weist damit – auch hier ihrer Zeit weit voraus – auf die für die Soziale Arbeit relevanten drei *Ebenen der Wirklichkeit* hin: das ›individuelle Mensch-Sein‹, das ›gemeinschaftlich in Beziehung seiende Mensch-Sein‹ und das ›von (zumindest einer) Gesellschaft umfasste Mensch-Sein‹.

Im Rahmen der Überlegungen zur Definition und Funktion der Sozialen Arbeit (1963) nimmt Lotmar dieses Menschenbild der Sozialen Arbeit wieder auf und verdichtet es: Es beschreibe die Menschen als freie, selbstverantwortliche, dem Mitmenschen verpflichtete Menschen, deren Menschenwürde und Individualität zu schützen sei und deren Kompetenzen und Vermögen voll entfaltet werden sollen. Es zeichne Menschen mit *besonderen Bedarfen* in einer (oft manipulativen) pluralistischen Gesellschaft, in der sich in allen Lebensbereichen ein demokratischer, partnerschaftlicher Stil auszubreiten beginne, (und optimistisch:) auch in der Sozialen Arbeit. Die heutigen Menschen sähen sich als mündig und von anderen unabhängig und seien nicht mehr gewillt, patriarchale oder obrigkeitliche Ermahnungen ohne weiteres hinzunehmen.

Das allgemein größere ›Selbstbewusstsein‹ sei bei vielen jedoch auch begleitet von großer innerer Unsicherheit. Diese Unsicherheit hänge mit der Möglichkeit zusammen, Lebensziele und die Lebensgestaltung frei wählen zu können, ohne dass eine festgefügte Tradition den Weg vorschreibe. (1964)

Die Entwicklung gehe folglich auch dahin, dass die Gesellschaft eine große Zahl von Hilfseinrichtungen schaffe, nicht nur für die materiellen Nöte, sondern Beratungsdienste aller Art auch für ›menschliche Nöte‹ (psychosoziale und soziokulturelle Probleme), die keine materiellen Ursachen haben, bereitstelle. Diese Entwicklung könne auch in der entsprechenden Verlagerung der Aufgaben in der Sozialen Arbeit erkannt werden, wo sich der Schwerpunkt eindeutig verschoben habe, von der Hilfe in materiellen Schwierigkeiten hin zur Beratung bei zwischenmenschlichen Problemen vielfältiger Art.

Die Auffassung beginne sich durchzusetzen, dass jede/r, die/der sich in Schwierigkeiten der *Lebensbewältigung* oder in *Lebensschwierigkeiten mit Mitmenschen* [es fehlen die Schwierigkeiten in und mit *gesellschaftlichen Strukturen*; Anm.: bs] nicht selbst zu helfen wisse, einen moralischen Anspruch auf Hilfe habe, ähnlich wie der Kranke auf medizinische Hilfe und das Kind auf Erziehung und Schulung. (1966)

3.2 Konzeptionelles zum Gegenstandsbereich der Sozialen Arbeit

An der neunten internationalen Konferenz der Sozialen Arbeit, anfangs Dezember 1958 in Tokio, wird zum ersten Mal eine globale Definition der Sozialen Arbeit diskutiert, die man sogleich in eine weltweite Vernehmlassung schickt, um sie anlässlich der nachfolgenden Konferenz in Rom von 1960 für verbindlich erklären zu können. Weil die Rückmeldungen dann aber so zahlreich sind, wird die Konferenz um ein Jahr verschoben. Diese Zeit wird genutzt, um die Auswertung der eingegangenen Beiträge zu einer international erarbeiteten und getragenen Expertise zu formen, die derart aussagekräftig ist, dass sie den Grundstein für alle folgenden IFSW/IASSW-Definitionen der Sozialen Arbeit (1982, 2000/1, 2012 bzw. 2014) bilden konnte. (vgl. Schmocker, in: Portmann & Wyrsch, 2019:74-95)

Paula Lotmar ist als reflektierende Praktikerin im Prozess, der zu dieser globalen Expertise führt, von Anfang an mitten drin.

In ihrer Abhandlung zur *Community Organization* (›Gemeinschaftsplanung‹) von 1962 stellt Lotmar ihre eigene Definition der Sozialen Arbeit zum ersten Mal vor:

> »Der Sozialarbeiter befasst sich mit der Hilfe bei der gegenseitigen Anpassung zwischen Einzelnen, Familien, Gruppen und größeren sozialen Einheiten und ihrer sozialen Umwelt, indem er in organisierter und sachkundiger Weise die individuellen Kräfte von Hilfsbedürftigen und Helfern, die zwischenmenschlichen Beziehungen und die Hilfsquellen der Gesellschaft einsetzt und fördert. Soziale Arbeit ist also ein helfender Beruf (unter vielen anderen helfenden Berufen), der sich mit einer besonderen Art von Hilfe befasst.« (November 1962:3)

Im Folgejahr erscheinen ihre »*Gedanken zur Definition und Funktion der Sozialen Arbeit*« in der Schweizerischen Zeitschrift für Gemeinnützigkeit (Heft 5, Mai 1963, S. 75–90). Damit schafft Lotmar in diesem internationalen Kontext – was der hauseigenen Fachöffentlichkeit zunächst entgeht – einen Meilenstein der schweizerischen Sozialen Arbeit, wie etwa Ruth Brack (vgl. PV, S. 111f.) Jahrzehnte später bekundet.

In dieser wegweisenden Publikation analysiert Lotmar zunächst die bestehenden regionalen und globalen Definitionen und stellt ernüchtert fest, dass insgesamt noch viel zu viel offen und die Soziale Arbeit auf der Suche nach der eigenständigen Identität nicht sehr weit gekommen sei. Dann arbeitet sie die essentiellen ›Qualitäten‹ der Sozialen Arbeit heraus, die ihrer Ansicht nach allein *ihr* und nur ihr eigen sind: Die Soziale Arbeit befasse sich in direkter und unmittelbarer Weise mit den ›hilfsbedürftigen‹ Menschen mit dem Ziel, diese Hilfsbedürftigkeit zu verhüten, zu heilen oder zu bessern.

Zur näheren Bestimmung dieser spezifischen Qualitäten wählt Lotmar eine Typologie von Merkmalen, die der amerikanischen Fachcommunity erst kürzlich (1958) durch Harriett M. Bartlett (vgl. PV, S. 111) und ihrer Kommission vorgelegt wurde (irritierend bleibt, dass Lotmar diese Quelle nicht nennt). Danach ist die Soziale Arbeit bestimmt durch

- die zugrunde liegenden Wertvorstellungen (values)
- die Art der Legitimation der Arbeit (Funktionsausführung) (sanctions)
- das Fachwissen (knowledge)
- die Arbeitsweisen (Methoden) (methods)
- zu erreichende Ziele (purose)

Vor allem die Interdependenzen zwischen und innerhalb dieser Merkmale seien für die Bestimmung der ›Qualitäten‹ der Sozialen Arbeit entscheidend, betont Lotmar. Zunächst aber diskutiert sie bestimmte Inhalte einiger Elemente kritisch, beispielsweise zu den *Wertvorstellungen*:

Die berufliche Hilfe wurzle zwar sowohl in den Wertvorstellungen der Fachpersonen der Sozialen Arbeit (bzw. ihren ethischen Überzeugungen und den in der Berufsmotivation konkretisierten persönlichen Idealen) *als auch* in den Wertvorstellungen ihrer auftraggebenden Repräsentanten der Organisationen des Sozialwesens. Gleichwohl erhielten die Fachpersonen der Sozialen Arbeit die *Legitimation* für die Ausübung des Berufes nur (einseitig, dafür explizit) durch ihre auftraggebenden Organisationen (Hilfsorganisationen, Einrichtungen des Wohlfahrtswesens), in denen sie tätig sind. Im Gegenzug bestehe nur diesen gegenüber auch eine Verantwortlichkeit.

Aber für die Bestimmung der charakteristischen Eigenheit der beruflichen Sozialen Arbeit reiche das nicht aus. Ihr Mandat müsse insbesondere auch der Wertvorstellung der Fachpersonen der Sozialen Arbeit entsprechen. In der Pflicht seien diesbezüglich insbesondere auch die Berufsverbände, die durch die Verknüpfung der Aufnahmebedingungen mit der Berufsausbildung für einen gewissen Arbeitsstandard ihrer Mitglieder zu bürgen hätten. [Ein nach wie vor offenes Postulat; Anm.: bs.]

Zum *Fachwissen* hält Lotmar fest: Dieses bestehe aus zwei Bereichen, dem sogenannten *Basiswissen* der Human- und Sozialwissenschaften und dem aus der beruflichen Praxis gewachsenen *Erfahrungswissen* (Berufswissen), zu dem die Berufsmethoden und die Berufsethik gehörten. Dieses ›Berufswissen‹ sei jedoch erst zum Teil systematisiert und wissenschaftlich evaluiert. Die wissenschaftliche Forschung (also das planmäßige Verfahren der menschlichen Erkenntnis, Probleme theoretisch zu stellen und sie ihrer Lösung näher zu bringen) befasse sich erst in jüngster Zeit mit der Sozialen Arbeit. Dieser Zustand sei unhaltbar, sollten doch die überlieferten Erfahrungen fortwährend der wissenschaftlichen Fragestellung, Überprüfung und Systematisierung zugänglich gemacht werden, denn die Soziale Arbeit bedürfe einer soliden theoretischen Grundlage, gerade weil sie planmäßige, fachkundige, berufliche Hilfe sei.

Als Lotmar damals mit diesen Forderungen noch alleine dasteht, sind diese – heute noch aktuellen – Gedanken beinahe revolutionär fortschrittlich. Allerdings setzt sie auch Grenzen, wo wir sie heute nicht mehr ziehen würden.

Noch 1961 ist sie überzeugt, dass Soziale Arbeit selbst *keine* Wissenschaft sei; die Soziale Arbeit sei ein *Anwendungsbereich*, eine Praxis, deren Grundlagen nicht durch eine eigene integrierte ›*Sozialarbeitswissenschaft*‹ gesichert sei, sowenig wie der *Anwendungsbereich* des ärztlichen Handelns auf einer einzigen integrierten ›medizinischen Wissenschaft‹ beruhe.

Dieser Vergleich mit der Medizin irritiert heute. Denn obwohl die Aussage von Lotmar *formal* korrekt ist, hinkt der Vergleich *semantisch*, denn die bedeutsamen Leitvorstellungen in unserer Gesellschaft gehen bezüglich der Medizin bzw. der Sozialen Arbeit weit auseinander. Das standardisierte Denken in unserer Gesellschaft verortet die Medizin gleichwohl als ›Wissenschaft‹ und die Soziale Arbeit als

›Nicht-Wissenschaft‹, obwohl beide eine Handlungs-Wissenschaft *sind.*

Doch Lotmar verteidigt ihre Aussage auch 1963 weiter: Dem Fachwissen der Sozialen Arbeit werde aus diesem Missverständnis [nämlich, dass Soziale Arbeit eine Wissenschaft sei; Anm.: bs] heraus oft der Vorwurf gemacht, es sei nur ein Sammelsurium verschiedenartigster Brocken aus fremden Küchen (also eklektisch) und entbehre jeglichen inneren Zusammenhangs. Niemandem aber käme es in den Sinn, den gleichen Vorwurf der Medizin zu machen, die auch Faktenwissen aus verschieden Disziplinen zu einem ›Berufswissen‹ integriere. Hier wie dort werde das wissenschaftliche Basiswissen durch die Lehre sorgfältig ausgewählt und mit dem Berufswissen in Verbindung gebracht.

Es komme eben auf die Eigenheit der ›Konfiguration‹ an (vgl. Kamphuis ›Identitätstheorem‹). Und es würde darum gehen, diese Eigenheiten zu konzipieren und als unverkennbares Kennzeichen des Fachwissens näher zu beschreiben, was Lotmar mit ihrer *Sozialarbeitslehre* (vgl. S. 38f.) versucht, die in der Ausbildung im Zentrum zu stehen habe. Denn die sorge für die ›besondere Mischung‹ von human- und sozialwissenschaftlichen sowie anthropologischen und philosophisch-ethischen Zugängen, aber auch von politischen Ideen des Sozialismus und Idealismus, womit dann Denkmodelle für die Anwendung von bestimmten Methoden und Techniken ermöglicht werden, die als spezifisches Set für die Soziale Arbeit nutzbar sind.

Als Fazit ihrer Analyse zur Einführung in ihre *Definition der Sozialen Arbeit* resümiert Lotmar jedenfalls: Diese besondere ›Substanz‹ aus zugrunde liegenden *Werten, Verantwortlichkeiten, Fachwissen* und *Arbeitsmethoden* würden wir (1963) zwar noch nicht genau zu analysieren und begrifflich zu fassen verstehen.

In einem unterscheide sich die Soziale Arbeit jedoch von anderen helfenden Berufen: In der *Art der Hilfsbedürftigkeit* in ihrem Zuständigkeitsbereich, auf die ihr Handeln gerichtet ist, und in der *Art des Zieles*, das sie anstrebt.

Denn es stehe ja fest, dass es Soziale Arbeit *gibt*, also müssten auch ihr Zuständigkeitsbereich und ihre Funktion beschreibbar sein. Und Lotmar beschreibt die Charakteristik der Sozialen Arbeit 1963 wie folgt (zur Version von 1962 leicht abgewandelt):

> »Die Soziale Arbeit ist ein helfender Beruf, der sich mit der Hilfe bei der *gegenseitigen Anpassung* zwischen Einzelnen/Familien/Gruppen/Gemeinschaften *und* deren Umwelt befasst, indem sie in *organisierter* und *sachkundiger* Weise die individuellen Kräfte von Hilfsbedürftigen und Helfern [mikro], die zwischenmenschlichen Beziehungen [meso] und die Hilfsquellen der Gesellschaft [makro] einsetzt und fördert.« (1963:10f.) (vgl. auch November 1962:3)

Und:

> »Die Soziale Arbeit leistet als notwendige *soziale Institution* einen Beitrag an die *Milderung von Spannungen*, die zwischen dem beschleunigten sozialen Wandel *und* den Kräften der Beharrung [Insistenz] in Einzelnen oder Gruppen entstehen können. Sie hilft dadurch mit, Grundwerte und Menschenrechte einer demokratischen Gesellschaft zu verwirklichen.« (1963:15)
> (Hervorhebungen und eckige Klammern: bs)

Danach steht Soziale Arbeit für (im engeren Sinne) bewusstes und reflektiertes, nach bestimmten Arbeitsmethoden zielgerichtetes und organisiertes Handeln durch ausgebildete Fachpersonen; steht demnach für einen Beruf (eine Profession) des fachgemäßen und organisierten sozialen Handelns.

Mit anderen Worten: Der Gegenstand der Sozialen Arbeit ist – nach Lotmar – das *soziale Handeln.*

Mit ihrer Studie *Gedanken zur Definition und Funktion der Sozialen Arbeit* übt Paula Lotmar auf die fachliche Auseinandersetzung zur Sozialen Arbeit in der Schweiz via den internationalen Kontext entscheidenden Einfluss aus. Ihre Analyse der gesamtgesellschaftlichen Strukturen, Prozesse und Werte fordert auch die Soziale Arbeit heraus:

- Bei der Explikation (Begriffsdefinitionen) in der Sozialen Arbeit geht Lotmar von Akteurinnen und Akteuren aus, die ein *gesellschaftliches Problem* wahrnehmen, es benennen (definieren, beschreiben) und Lösungen dafür vorschlagen. Solche ›sozialen‹ Probleme entstehen wegen gesellschaftlicher und individueller Konstellationen, die man entweder wahrnehmen, etikettieren oder auch verdunkeln kann.
- Bei der Explanation (der Erklärung von ›mechanismischen‹ Zusammenhängen) in der Sozialen Arbeit nimmt Lotmar vorweg,

dass – ausgehend von der Grundkategorie *Schwierigkeiten der gegenseitigen Anpassung* – sowohl das gesellschaftliche ›Bedingungsgefüge‹ bzw. die gesellschaftlichen ›Wirkungszusammenhänge‹, als auch die ›Funktions- bzw. Verantwortungsbereiche‹ der Sozialen Arbeit untersucht werden müssen, was unausweichlich zu einer Differenzierung des Begriffs ›*soziales Problem*‹ führen wird (vgl. S. 93ff.).

Die Debatte um die spezifische Gegenstandsbestimmung für die Soziale Arbeit: *soziale Probleme und ihre Lösungen*, ist somit lanciert, insbesondere auch an der Schule in Zürich. Dort wird in der Folge eine *Theorie sozialer Probleme* bis hin zu einem *systemtheoretischen Paradigma der Sozialen Arbeit* entwickelt. Und es entsteht ein theoretischer Bezugsrahmen für die Soziale Arbeit mit weitreichenden Folgen: Im Deutschsprachigen Raum wird ab den 1990er-Jahren immer häufiger von der ›Zürcher Schule‹ der Sozialen Arbeit (vgl. FN 4, S. 36) gesprochen.

Danach fokussiert der Begriff ›soziales Problem‹ (vgl. S. 93ff.) in der *Sozialen Arbeit* auf reale soziale Situationen *konkreter Personen*, nämlich auf ihr *interagierendes Handeln zur Gestaltung des sozialen Umfeldes*, wozu es bestimmte Handlungskompetenzen zur Veränderung der gegebenen Strukturen und Handlungsmuster braucht.

Und immer dann, wenn es an solchen Handlungskompetenzen mangelt, kommt die Soziale Arbeit ins Spiel.

3.3 Konzeptionelles zum Zuständigkeits- und Funktionsbereich der Sozialen Arbeit

Sich Gedanken über den Zuständigkeits- und Funktionsbereich der Sozialen Arbeit machen zu müssen, wird allgemein ab den späten 1970er-Jahren zwingend nötig. Erst die funktionale Systemtheorie in der Soziologie sieht die *Funktionsbestimmung* der verschiedenen Professionen als ein Phänomen der modern differenzierten Gesellschaft. Für Paula Lotmar und ihre Kolleginnen an der damaligen Schule für Soziale Arbeit ist die Soziale Arbeit eine selbstverständliche gesellschaftliche Tatsache, die innerhalb des Sozialwesens Aufträge erfüllt, wie dies auch die Medizin innerhalb des Gesundheitswesens tut. Zum Zuständigkeits- und Funktionsbereich der Sozialen

Arbeit sind von Lotmar also wohl keine grundlegenden Konzeptionen zu erwarten.

Nach Lotmar ist ›Helfen‹ (vgl. S. 34), der Dienst am Nächsten, die Grundkategorie der Sozialen Arbeit und Anstoß zur Linderung sozialer Not. Deshalb sind für sie auch Personen wie Elizabeth Fry (1780–1845; Begründerin der Gefangenenfürsorge) oder Florence Nightingale (1820–1910; Begründerin der modernen Krankenpflege) *die* Pionierinnen der Sozialen Arbeit schlechthin. Allerdings beziehe sich die Soziale Arbeit weniger auf die Hilfe für bestimmte Personengruppen (z.B. Gefangene bei Fry, bzw. Kranke bei Nightingale) sondern um Hilfe in *sozialer* Not, die alle treffen könne.

Soziale Not habe es wohl schon immer gegeben. Erste empirische Sozialforschung jedoch erst, als die Folgen der Industrialisierung und des rasanten Bevölkerungswachstums Ende des 18. Jahrhunderts bereits unübersehbar wurden. Die damit verbundene fundamentale Strukturveränderung der Gesellschaft (1886) hätte zum Forschungsgegenstand ›Soziale Frage‹ geführt. In der Folge sei es zu groß angelegten Studien vor allem über die Elendsverhältnisse in Britannien gekommen (z.B. Studien des Sozialforschers Charles Booth, 1840–1916), verbunden mit aktiven Projekten (z.B. Toynbee-Hall in London) und den ersten Schulgründungen in Sozialer Arbeit (in Europa 1899 in Amsterdam). (1950)

Lotmar beschäftig, was ›helfen‹ bzw. ›Hilfe‹ im Zusammenhang mit der *Sozialen Frage*, also in Bezug auf soziale Not und absolute Armut ganzer Bevölkerungsgruppen bedeutet. Dies ist auch immer wieder Gegenstand der Fach-Gespräche bzw. Korrespondenz mit Marie Kamphuis (PV, S. 113), die sich speziell mit der konkreten *helfenden Handlung* in der Sozialen Arbeit auseinandersetzt. Lotmar stellt sich darüber hinaus aber auch die Frage, welcher besonderen Art *sozialer Bedürfnisse und Hilfsbedürftigkeit* (mangelnde Befriedigung lebenswichtiger Grund-Bedürfnisse) sich die Soziale Arbeit im speziellen annimmt, und welche Art von Not (ungenügendes persönliches Wohlergehen) zu beseitigen ihr Ziel ist. Die psychosoziale Hilfe könne ja nicht nur von Definitionen abhängen, mit denen eine Gesellschaft ihre Mitglieder als ›hilfsbedürftig‹ (und damit als berechtigt, die als *rechtmäßig anerkannten* sozialen Bedarfe zu beziehen) einstuft. Erst recht könne die Gewährung der Hilfe nicht ausschließlich von der Einschätzung der Würdigkeit der ›Hilfsbedürftigen‹ abhängig gemacht werden, die aufgrund irgendwelcher sozialpolitisch motivierten Kriterien vorgenommen wird. Denn jede Definition und Einschätzung von Hilfsbedürftigkeit und Würdigkeit könne vollkommen unabhängig von den tatsächlichen Bedürfnissen erfolgen.

Die damaligen Beschreibungen zum Funktions- und Zuständigkeitsbereich der Sozialen Arbeit bestehen allerdings noch aus Ausdrücken wie: die ›Korrektur schlechter Erfüllung von sozialen Rollen‹ oder die ›Behebung von gestörten sozialen Interaktionen‹, ›zwischenmenschlichen Störungen‹ oder ›gestörten Gleichgewichten‹ usw.

In ihrer Arbeit von 1963 fokussiert Lotmar hingegen auf die [horizontale und vertikale] ›Verflochtenheit der Menschen‹, also die sozialen und gesellschaftlichen Strukturen, und schlägt dort das *Fördern* und *Einsetzen* nicht nur *von individuellen,* sondern auch *von kollektiven und gesellschaftlichen ›Kräften‹* (Hilfs-Mittel) als ›Funktion‹ der Sozialen Arbeit vor; und als ›Zuständigkeit‹ die *komplexen psychosozialen Schwierigkeiten,* die aus den Spannungsfeldern zwischen Individuum und Gesellschaft entstehen. In solche könnten alle Menschen geraten und müssten dann unter Umständen die Hilfe von Fachpersonen der Sozialen Arbeit in Anspruch nehmen.

Im individuellen Hilfsprozess – so Lotmar – versuchten die Fachpersonen der Sozialen Arbeit die inneren Kräfte der Klientinnen und Klienten zu stärken und ihnen, wenn nötig, auch äußere Mittel und Sicherheiten zu vermitteln. Das heiße auch: Die Soziale Arbeit vermöge selbst im Verlauf der individuellen Hilfsprozesse einen Beitrag zur Verwirklichung demokratischer Ideale zu leisten. Sie versuche im Einzelfall ein Leben in Freiheit, Verantwortlichkeit und Menschenwürde zu ermöglichen, welches von Menschen-Rechten geschützt sei. Darüber hinaus arbeite sie an generellen Lösungen der Sozialpolitik mit, die, wenn sie problemlösend sind, stets ein Stück sozialer Demokratie in die Tat umsetzen würden, wenn darunter eine gleichmäßigere Verteilung der Lebenschancen und Lebensrisiken verstanden werde.

Fachlich richtig ausgeführte Soziale Arbeit habe im Übrigen stets das Unabhängig-Machen der Klientinnen und Klienten von jeglicher Hilfe und Abhängigkeit zum Ziel. Sie bleibe aber so lange dran, bis die Hilfsbedürftigkeit behoben sei und die Verantwortlichkeit an die Klientinnen und Klienten wieder abgegeben werden könne.

In einer weiteren Arbeit (Soziale Arbeit und Öffentlichkeit: 1966) befasst sich Lotmar ergänzend mit der spezifischen Zielsetzung der Sozialen Arbeit:

Das *Wohlbefinden* [die Abwesenheit von Bedürfnisspannungen; Anm.: bs] der Menschen sei nach der UNO-Menschenrechtserklärung das Ziel jeder Gesellschaft; insofern auch das der Sozialen Arbeit. Menschen müssten *Bedürfnisse* (vgl. S. 39ff.) befriedigen können; dazu gehörten auch tragfähige zwischenmenschliche Beziehungen bzw. das ›in die Gesellschaft Integriert-Sein‹. Das Wohlbefinden des Einzelnen fördere zudem auch die soziale Gerechtigkeit in einer ganzen Gesellschaft und umgekehrt.

Es bestünden allerdings unterschiedliche Auffassungen darüber, wie die zur Verfügung stehenden *Mittel* zur Erreichung von Wohlbefinden eingesetzt werden sollen, hingegen werde bei uns das *psycho-soziale Wohlbefinden des Einzelnen* heute (also 1966!) als ein *Menschenrecht* betrachtet. Wer nicht in dessen Genuss sei und sich nicht selbst dazu verhelfen könne, habe einen *moralischen* Anspruch auf Unterstützung (ähnlich wie Kranke auf medizinische Hilfe). Dafür stehe heute (1966) die Soziale Arbeit als notwendige gesellschaftliche Dienstleistung [des Sozialwesens] neben älteren Diensten des Gesundheitswesens oder des Bildungswesens (insbesondere Schulen).

Die Dienstleistung der Sozialen Arbeit, die in ihrer heutigen Form etwas wesentlich anderes als bloß materielle Unterstützung sei, gehöre einfach zur Infrastruktur unserer Gesellschaft. Die Soziale Arbeit sei folglich eine ›Institution‹, die sich nicht mehr aus dem öffentlichen Leben wegdenken lasse, resümiert Lotmar optimistisch.

Wenn eine Dienstleistung aber als unabdingbar empfunden werde und ihr Ausfall unerwünschte Folgen hätte, dann erhalte sie Öffentlichkeitscharakter. Dies sei bei der Sozialen Arbeit der Fall: Soziale Arbeit sei von öffentlichem, allgemeinem Interesse.

Und weil die Dienstleistung der Sozialen Arbeit allen zur Verfügung zu stehen habe, müsse sie auch allgemein bekannt und zugänglich sein. (1966)

Und Lotmar setzt sich mit der Soziologie und der Sozialpsychologie auseinander und schreibt (1968): Fachpersonen der Sozialen Arbeit wüssten aufgrund ihrer *Funktion* der Anwaltschaft für die Klientinnen und Klienten in der Hilfe zu besserer Anpassung um das Spannungsfeld: Soll der Schwerpunkt ihrer Arbeit bei den Menschen liegen, dass diese sich an die Umwelt anpassen sollen, oder in der Arbeit mit der sozialen Umwelt, um eine größere Toleranz der Gesellschaft gegenüber den Klientinnen und Klienten zu erreichen?

Diagnostische Überlegungen dazu wären: Welche Wirkungen haben die starken oder schwachen positiven, negativen oder ambivalenten Beziehungen? Wie ist die Kohärenz beschaffen? Wer hält die Gruppe zusammen, wer strebt sie auseinander? Wie laufen die Kommunikationskanäle?

Kurz: Es sei die *Persönlichkeitstheorie* mit der Theorie der *sozialen Rollen* zu verbinden.

Lotmar beschäftigt sich aber auch mit dem Umstand, dass die Soziale Arbeit für einen gesellschaftlich nicht sehr angesehen, ja oft verachteten Bereich zuständig ist. Im Vergleich zu anderen Dienstleistungen würden diese im Laufe eines Lebens nicht von jedermann in Anspruch genommen (und was man nicht brauche, brauche man auch nicht kennen zu lernen). Die Soziale Arbeit befasse sich vor allem mit dem ›Dunkeln‹ und ›Schweren‹, das gesunde Menschen von sich fernhalten würden, wenn nicht eine Notwendigkeit dazu dränge, sich damit zu befassen. Darum sei es nicht verwunderlich, dass die Soziale Arbeit im Bewusstsein unserer Gesellschaft kaum erscheine.

Was dabei übersehen werde, sei, dass es Gründe gibt, weshalb bestimmte Menschen in die Lage kommen, bei bestimmten Lebensaufgaben, die Menschen normalerweise ohne Weiteres bewältigen, in solche Schwierigkeiten zu geraten. Zu diesen Gründen gehören auch ›strukturelle Schwierigkeiten‹. Bei der Frage um den Zuständigkeitsbereich der Sozialen Arbeit gehe es folglich genau um diese Gründe: Dort brauche es die Handlungskompetenz zur Lösung ›sozialer Probleme‹ (vgl. S. 93ff.), also soziales Handeln, das menschen- und bedürfnisgerechte soziale Umfelder zu gestalten vermag.

In ihrem Vortrag an einer transnationalen Fachtagung der Sozialen Arbeit in Garmisch-Partenkirchen, den sie im März 1969 in der deutschen Fachzeitschrift *Der Sozialarbeiter* (Düsseldorf) auch publiziert hat, positioniert sich Lotmar zum Thema: Professionalisierungsgrad der Sozialen Arbeit. Dabei erörtert sie eine Anzahl spezifischer Merkmale, die Berufe dann als Professionen auszeichnen würden. Je mehr dieser Merkmale ein Beruf aufweise, desto stärker sei sein Professionalisierungsgrad.

Ein erstes Merkmal ist laut Lotmar die Charakteristik: Professionalisierte Berufe trügen Dienstleistungscharakter, in deren Mittelpunkt ein von der Gesellschaft erachtetes *hohes Gut* stehe (z.B. Gesundheit, Recht/Gerechtigkeit). Wer sich hilfesuchend an diese Professionen wende, könne sich dieses *hohe Gut* offenkundig nicht ohne fachmännische Hilfe erhalten oder beschaffen. Der ›Professional‹, die Fachperson, sehe ihr berufliches Ziel in erster Linie im Leisten des geforderten Dienstes. Die Dienstleistung selbst beruhe auf einer Vertrauensbeziehung *a priori*, d.h. der Klient müsse sich zum vornherein darauf verlassen können, dass die Absichten seiner Beraterin und seines Helfers durch und durch redlich sind und sie/er seine Angelegenheiten betreibt, als ob es seine/ihre eigenen wären, und zwar mit den Mitteln und Verfahrensweisen, die aktuell als optimal gelten. Die Bedeutung der Dienstleistung werde dadurch unterstrichen, dass sie unabhängig von ihrer Wirkung honoriert werde.

Das (aus Sicht der Gesellschaft) hohe Gut, welches bei der ›Dienstleistung‹ der Sozialen Arbeit im Zentrum stehe, sei das *psychosoziale Wohlbefinden*, das *soziale Funktionieren*, die *Integration in die soziale Umwelt*, oder/und *befriedigende mitmenschliche Beziehungen* usw. Wobei das hohe Gut im sozialen Bereich von der Gesellschaft als weniger schützenswert erkannt werde, als z.B. die Gesundheit als hohes Gut [ein Befund, der sich mit den Maßnahmen bei der Corona-Pandemie Jahrzehnte später bestätigen sollte]. Beim ›repressiv-fürsorgerischen‹ Teil der Sozialen Arbeit gäbe es Schwierigkeiten in der Vertrauensbeziehung *a priori*. Und was die Vergütung betreffe, sei ein Vergleich zwischen Frauenlöhnen und Familien-Ernährer-Löhnen kaum möglich; zudem seien Fachpersonen der Sozialen Arbeit in der Regel von Organisationen des Sozialwesens angestellt.

Ein zweites Merkmal sei die Art der Wissensgrundlage des Berufes: Das berufliche Wissen der *Professionen* sei ein wissenschaftliches, d.h. geprüftes, überprüfbares, systematisiertes und zusammenhängendes Wissen (z.B. die Human-Medizin). Dazu komme das selbst entwickelte Praxis-Wissen oder die Praxis-Theorie (z.B. die Chirurgie).

Das grundlegende Wissen der Sozialen Arbeit stamme vornehmlich aus den (nicht-exakten) Human- und Sozialwissenschaften. Und eine berufseigene ›Sozialarbeitswissenschaft‹ (Wissenschaft der Sozialen Arbeit; Theorie der Sozialen Arbeit) stehe noch aus, weil praktisch niemand reflektiertes Praxis-Wissen erforsche, erst recht handlungswissenschaftliches Wissen; da habe die Methodenforschung nach der Abwanderung der ›Methoden‹ Einzel-, Gruppen- und Gemeinwesenarbeit zur spezialisierten Weiterbildung aufgegeben werden müssen. Bezüglich der Bedeutung des Wissens bestehe berufsintern zudem auch eine Kontroverse zwischen *Intuition* vs. *diagnostisches Denken*, *warmes Herz* vs. *berufliche Beziehung*, *gesunder Menschenverstand* vs. *erwerbbares Berufswissen*. Doch erst rationales, sich auf fundiertes Wissen gründendes berufliches Handeln könne zu stärkerer Wissenschaftlichkeit der Sozialen Arbeit führen, da nur auf diese Weise Material für die so dringend notwendige Forschung und Systematisierung bereitgestellt werden könne.

Ein drittes Merkmal sei die festumgrenzte Funktion des Berufes. Die sei bei klassischen Professionen selbst für Laien augenfällig.

Diese Augenfälligkeit fehle bei der Sozialen Arbeit vollständig, stellt Lotmar gewiss zu kritisch fest. Was habe die Fachperson der Sozialen Arbeit an ›Berufseigenem‹ auch schon beizutragen, in Arbeitsfeldern, die sie sich mit anderen teilt? Definitionen und Funktionsumschreibungen der Sozialen Arbeit würden zudem rasch veralten; das Fehlen einer konstanten Funktionsumschreibung für die Soziale Arbeit erschwere folglich ihre Professionalisierung.

Ein viertes Merkmal: Die spezifische Blickrichtung. Ein ›Professional‹ betrachte seine Patienten oder Klientinnen mit einem bestimmten Fokus bzw. fokussiert seinen Gegenstand, z.B. *Gesundheit* oder *Recht*; und er löse nur die in diesem Blickwinkel liegenden Probleme.

Was aber wäre denn die Spezialität der Sozialen Arbeit? Eine diffuse Universalität der Zielsetzung ermögliche keine professionelle Identität und verlange die Lösung aller Probleme.

Auch hier ist Lotmar wohl zu selbstkritisch, zumal sie den Ausweg ja bereits vorzeichnet. Aber sie befindet sich in guter Gesellschaft: Der ›Gegenstand der Sozialen Arbeit‹ wird selbst in der Definition von 2014 noch kryptisch verschleiert, statt offen deklariert: Die Fachpersonen der Sozialen Arbeit befassen sich danach angeblich mit den »Herausforderungen des Lebens«; der Begriff ›Problem‹ wird dem neoliberalen Zeitgeist geschuldet vermieden. Mit dieser Formulierung ließe sich auch heute noch eine diffuse Allzuständigkeit behaupten, was das Image-Problem der Sozialen Arbeit weiter nährt. Aber eben: Es handelt sich zumindest hier um eine bewusst in Kauf genommene Verschleierung, in diesem Fall, um verbandsinternen Fraktionskämpfen aus dem Weg zu gehen.

Faktisch ist Lotmar jedoch – kompatibel mit der aktuellen internationalen Wissenschaft der Sozialen Arbeit – wie gesagt bereits deutlich weiter: Der spezifische Fokus – auch den Zuständigkeitsbereich der Sozialen Arbeit betreffend – kann im Konzept *der integralen Handlungskompetenz* (Chancen, Möglichkeiten und Fähigkeiten) *zur Lösung praktischer ›sozialer Probleme‹* (vgl. S. 93ff.) erkannt werden, *um zu den notwendigen Bedarfen zu kommen, mit denen Wohlbefinden erreicht werden kann.* Soziale Arbeit zielt also weder auf einseitige Anpassung, noch auf Widerstand, und erst recht nicht auf eine Veränderung der gesamten inneren und äußeren Lebensgestaltung der ›bedürftigen‹ Menschen. Sie ist einzig für die *integrale Handlungskompetenz zwecks Lösung sozialer Probleme* zuständig und kompetent. Für nichts Weiteres, allerdings auch für nichts weniger. Aber allzuständig ist sie bestimmt nicht.

Ein fünftes Merkmal: Die Berufsorganisation, bzw. der Organisationsgrad der Berufsangehörigen und deren Wirksamkeit/Wirkungskraft (z.B. Einfluss auf die Standards der Berufsausbildung, auf die Zulassungsbedingungen oder die Anstellungsbedingungen).

Der Organisationsgrad der Berufsorganisationen der Sozialen Arbeit liegt zumindest im deutschsprachigen Gebiet (auch heute noch) erstaunlich tief. Hier lägen vor allem die Schulen für Soziale Arbeit quer, die ihre Zulassungsbedingungen und ihre Programme weitgehend selbst festlegten. [Damit nimmt Lotmar die Berufsverbände noch ziemlich in Schutz.]

Ein sechstes Merkmal: Ein Berufskodex (Verhaltenskodex bzw. Ethikkodex) verbunden mit einer Instanz (Kammer), die Verstöße verbindlich verhandelt und je nach verletztem Gut auch ahndet.

Ein solcher Kodex liege für die Soziale Arbeit nicht vor, erst recht nicht eine beurteilende Instanz, konstatiert Lotmar. Einen Berufskodex für die Soziale Arbeit gibt es in der Schweiz erst seit anfangs der 1980er-Jahre. Auch auf internationaler Ebene gibt es erst in den späteren 1960er-Jahren erste Bemühungen. Ab da wird allerdings sowohl international als auch national viel getan. Zudem liegt der Schwerpunkt inzwischen auch auf dem Ethik-Kodex (im Gegensatz zum Verhaltens-Kodex).

Ein siebtes Merkmal: Die gesellschaftliche Anerkennung, die sich vor allem am Grad der Verhaltenskontrolle, an der Verantwortlichkeit und Autonomie messe, ferner die zur Berufsausübung erforderlichen Kenntnisse und Fähigkeiten (Index für die Leistungsanforderungen).

Der gesellschaftliche Stellenwert der Sozialen Arbeit sei eher niedrig; die Soziale Arbeit sei in der hochindustrialisierten *Leistungs- und Freizeitgesellschaft* eine *Randerscheinung*, konstatiert Lotmar. [Da hätte es aber damals schon positivere Formulierungen oder Metaphern gegeben, z.B.: die *homöopathische Dosis des Salzes in der Suppe*.] Der moralischen Forderung nach Hochschätzung der Hilfe an Hilfsbedürftige (Hilfe bei der Wahrung eines hohen Gutes) stehe die immer noch tief verwurzelte Überzeugung entgegen, jeder habe sich selbst zu helfen, sofern es sich um psycho-soziale Schwierigkeiten handle. Die Fachpersonen der Sozialen Arbeit bekämen etwas ab von den Diskriminierungen, denen jene ausgesetzt sind, mit denen sie sich befassten. Wenn überhaupt, werde Soziale Arbeit als eine Art Reparaturdienst für das Gebiet der *gesellschaftlichen Latrine* gesehen.

Vor dem Hintergrund ihrer Analyse nimmt Lotmar dann eine Frage auf, die in diesem Zusammenhang immer wieder gestellt wird (auch heute noch): Ist eine zunehmende Professionalisierung des Berufs der Sozialen Arbeit überhaupt wünschenswert?

Lotmar bejaht diese Frage für den Fall, dass sie der Verbesserung (der Qualität) der Dienstleistung an Klientinnen und Klienten nutzt. Dazu müssten aber vor allem die Berufsorganisationen gestärkt werden, es müsste ein einziger verbindlicher Berufskodex ausgearbeitet werden, und ein ›Gerichtshof‹ für die Beurteilung von Streitfällen wäre unerlässlich. Und es bräuchte klare Funktionsbeschreibungen bzw. konzeptionelle Definitionen und klare Beschreibung von Zielen, Mitteln und Methoden. Vor allem aber müssten diese gegenüber der Öffentlichkeit gut kommuniziert werden. Und nicht zuletzt bräuchte es eine wissenschaftlich basierte Wissensgrundlage für die Ausbildung und die Praxis sowie eine international verknüpfte Forschung zur Entwicklung der Lösung des ›Praxis-Theorie-Praxis-Problems‹[8] der Sozialen Arbeit.

8 ›Theorie‹ und ›Praxis‹ sind getrennte ›Produkte‹ unterschiedlicher Berufs- und Wissenschafts-Systemen. Solange der Dualismus zwischen Basisdisziplinen und Berufslehre nicht durch die integrierende Funktion der ›Handlungswissenschaft‹ Soziale Arbeit (Sozialarbeitswissenschaft) aufgelöst wird, kommt es bei den Fachpersonen der Sozialen Arbeit immer wieder zu Irritationen. Vertiefend z.B. Sommerfeld, 2006:289–312.

Leider aber – resümiert die 51-jährige Paula Lotmar 1969 ernüchtert – fehle bei den Schulen der Wille zur Entwicklung von effektiveren Weiterbildungen. Aber bei einer großen Zahl von ›Sozialarbeitern‹ sei auch der Wille zur Aneignung neuster Kenntnisse und Methoden gar nicht vorhanden. Wie weit die Fachpersonen in ihrem Beruf Weiterentwicklungen mitmachten, aktiv ablehnten oder ohne Vorsatz einfach verpassten, hänge weitgehend von ihrer ›Persönlichkeit‹ (vgl. S. 47ff.) ab.

Erschwerend komme die öffentliche Meinung über die Soziale Arbeit dazu. Die abstrakte Tätigkeit, welche die Fachpersonen der Sozialen Arbeit ausführten, sei eine, die sich in besonderem Masse in der alltäglichen Begegnung mit ihnen manifestiere. Die *Soziale Arbeit* trete in der Art und Weise der Öffentlichkeit gegenüber, wie sie von den *Fachpersonen* der Sozialen Arbeit repräsentiert werde. Diesbezüglich trügen diese eine besondere Verantwortung. Das Auftreten der Fachpersonen sei die Grundlage für das Bild, das sich die Öffentlichkeit von der Sozialen Arbeit mache. So überrasche die ganz und gar uneinheitlichen Selbstdarstellungen der Sozialen Arbeit in der Öffentlichkeit eher nicht.

Dazu kämen aber noch die Vorurteile, die sich vor allem aus historischen Wurzeln nährten. Man sehe Soziale Arbeit als missverstandene *geistige Mütterlichkeit*, als »Steigbügel haltende« Instanz des »bürgerlichen Establishments«, als verlängerten Arm von Behörden und Richtern, der den gegen die herrschenden sittlichen und moralischen Normen Verstossenden mit möglichst harter Hand den rechten Weg weise. Doch – so die klarsichtige Lotmar – da kämen ja auch noch die sich real ereignenden Übergriffe und Machtmissbräuche von Behörden *und* Fachleuten der Sozialen Arbeit dazu.

Bei all diesen Überlegungen – auch wenn sie mitunter etwas düster sind[9] – beweist Paula Lotmar stets große Eigenständigkeit und Mut. Aufsehen erregte z.B. ein Artikel 1970 ausgerechnet zum Thema *Leistungswirksamkeit* mit dem Titel »Efficiency in der Sozialen Arbeit«. Die Empörung in den eigenen Reihen war groß, weil hier im Zusammenhang mit der Sozialen Arbeit unverblümt von *Nutzen* und

9 Die wohl übertrieben selbstkritischen Darstellungen relativieren sich, wenn die ungerechtfertigt vernichtende Kritik an der Sozialen Arbeit in Rechnung gestellt wird, die damals seitens der ›68er Bewegung‹ in der Schweiz flächendeckend erfolgte und die vor allem ihre Repräsentantinnen in der Lehre tief verletzte.

Kosten gesprochen wird: »möglichst große Wirkung bei möglichst kleinem Aufwand? Ist das etwa die Soziale Arbeit, die uns vorschwebt?« wurde Lotmar etwa rhetorisch gefragt.

Und einmal mehr ist Lotmar ihrer Zeit wieder voraus, wenn sie postuliert: Bei der Sozialen Arbeit als eine unter anderen von der Gesellschaft angebotenen Dienstleistungen und als von bestimmten Leuten als Beruf ausgeübte Dienstleitung sachlicher Art, da sei es einfach zwingend, sachlich nüchtern nach dem Effekt und dem Verhältnis von Aufwand und Ertrag zu fragen. Es sei nicht einzusehen, warum für die Soziale Arbeit etwas anderes gelten sollte, als Qualitätsarbeit.

Ganz abgesehen davon, dass sich für die Forderung nach Qualität in der Sozialen Arbeit mindestens drei Begründungen finden ließen: das Arbeitsethos, das Berufsethos und die menschenrechtliche Gleichstellung mit der Klientel. Diese Begründungen machten z.B. deutlich, dass die *Macht*, die den Fachpersonen durch das einseitig vorhandene Fachwissen verliehen ist, nicht missbraucht werden darf und die Klientinnen und Klienten vor Manipulation und willkürlicher Machtausübung geschützt werden müssen.

Eine solche Sichtweise ist in den 1970er-Jahren alles andere als selbstverständlich! Doch Lotmar fordert einmal mehr, dass sich die Fachpersonen der Sozialen Arbeit dringend einen Berufskodex geben müssten.

Und sie fährt fort: Wenn wir anerkennen, dass menschenrechtlich gesehen jede/r einzelne das Recht auf körperliches, psychisches (seelisch-geistiges) und soziales Wohlbefinden habe, dann sei es bei ›Störungen‹ in seinem/ihrem Wohlbefinden nur folgerichtig, auch ihr/sein Recht auf *bestmögliche Hilfe* anzuerkennen. Deswegen müssten Fachpersonen, die den Auftrag haben, solche ›Störungen‹ zu beheben, zu lindern oder durch Vorbeugen zu vermeiden, zu einer optimalen Dienstleistung verpflichtet werden.

Solche Gedanken stoßen damals, zumal bei jungen Kolleginnen und Kollegen, nicht nur auf offene Ohren. Doch Lotmar legt nach: Die Überlegungen nach der bestmöglichen Hilfe würden zwar immer den Überlegungen nach der Ökonomie vorausgehen. Aber in der Sozialen Arbeit sei es trotzdem wichtig, ökonomisch zu arbeiten. Von zwei gleich guten, gleich wirksamen Wegen der Hilfe sei immer der ökonomischere zu wählen. Sparsamkeit sei angebracht, weil das politisch zur Verfügung gestellte Geld immer knapp bemessen sei. Hier zu sparen sei also ein Gebot der puren Vernunft.

Ironie des Schicksals: Als *vernünftig* gilt in der beginnenden Konsumgesellschaft dieser Zeit das *Schulden-Machen.*

Viele junge Studentinnen und Studenten von Lotmar, die mit der 68er Bewegung zumindest sympathisieren, wollen damals vor allem ›Strukturen verändern‹. Sie waren immer weniger bereit, den Argumentationen ihrer Dozentin zu folgen. Doch Lotmar hielt stand. Die Gesellschaft anerkenne einen Effekt der Sozialen Arbeit durchaus als Nutzen. Das zeige sich vor allem darin, dass sie die Profession Soziale Arbeit überhaupt ermögliche; sie befürworte damit auch Dienstleistungen, die immaterielle Werte zu verwirklichen suchen, ohne dass dabei ein materiell messbarer Gewinn sichtbar werde.

Die Gesellschaft stelle also für die Soziale Arbeit prinzipiell eine *Funktion* fest und erkenne ihr einen bestimmten *Zuständigkeitsbereich* zu. Es sei also absurd, der Gesellschaft zu unterstellen, sie wolle die Soziale Arbeit eliminieren.

Heute erkennen nicht wenige der damaligen Studierenden, dass die Argumentation von Lotmar nicht nur richtig, sondern sogar wegweisend war. Und damit ist der Weg frei, über das Verhältnis zwischen Gesellschaft und Sozialer Arbeit nüchtern sachlich nachzudenken.

Menschen verfügen in der Regel über die *Handlungskompetenzen*, ihre sozialen Probleme (vgl. S. 93ff.) zu lösen, d.h. sie haben [1] Handlungs-*Chancen* in den gesellschaftlichen Strukturen, [2] Handlungs-*Möglichkeiten* in den sozialen Systemen bzw. zwischenmenschlichen Beziehungen, und [3] individuelle Handlungs-*Fähigkeiten*, womit sie ihre sozialen Probleme meistern können. Immer dann, wenn Menschen nicht, noch nicht, vorübergehend nicht oder nicht mehr in der Lage sind, ihre Bedarfe zu beschaffen (und damit ihre Bedürfnisspannungen abzubauen), vermittelt das Sozialwesen die sozialpolitisch definierten Bedarfe. Darauf bezieht sich das sogenannte ›Doppel-Mandat‹ der Sozialen Arbeit ›der Hilfe und Kontrolle‹ seitens der Gesellschaft.

Und wenn die Menschen nicht, noch nicht, vorübergehend nicht oder nicht mehr über eine oder alle der spezifischen Handlungs-Kompetenzen für die Lösung sozialer Probleme (die den Zugang zu und die Teilhabe an den Not-wendenden Bedarfen sichern würde) verfügen, hat die Soziale Arbeit ihre zentrale Funktion (Entwicklung entsprechender Handlungskompetenzen) zu erfüllen. Darauf bezieht sich das zweite Mandat der Sozialen Arbeit seitens ihrer Klientinnen und Klienten.

Diese Funktionsbestimmung der Sozialen Arbeit lässt sich auch in einer *analytischen Denkfigur* der ›drei Mandate‹ der Sozialen Arbeit abbilden, das Paula Lotmar ihren Konzeptionen implizit zugrunde legt und ihre Schülerin, Silvia Staub-Bernasconi, später – kompatibel mit dem internationalen Fachdiskurs zur Definition und zur Bereichsethik der Sozialen Arbeit – explizit herausarbeitet (Staub-Bernasconi, 2018:111-123):

1. das erste Mandat seitens der Gesellschaft, des Sozialwesens und der Anstellungsträger (historisch gesehen *das älteste Mandat*; oft als Doppelmandat von ›Hilfe‹ und ›Kontrolle‹ bezeichnet, das sozialpolitisch definierte Bedarfe zuspricht),

2. das zweite Mandat seitens der Menschen, die Soziale Arbeit nutzen (menschenrechtlich gesehen *das wichtigste Mandat*; das Mandat der impliziten oder offen ausgesprochenen Begehren bezüglich der notwendigen Bedarfe) und

3. das dritte, fachliche Mandat seitens der Sozialen Arbeit selbst, bzw. der wissenschaftlich elaborierten Fach-Expertise ihrer Disziplin (professionstheoretisch gesehen *das erstpriorisierte Mandat*), mit den Sub-Dimensionen:

   3.1. dem wissenschaftsbasierten *Professionswissen* der eigenen Profession und
   3.2. der eigenen *Bereichs-Ethik* (Ethik Sozialer Arbeit) sowie
   3.3. der (als allgemeine Legitimation dienenden) *Menschenrechtsorientierung*

   (vgl. Schmocker, in: Portmann & Wyrsch, 2019:198)

3.4 Konzeptionelles zur normativen Handlungstheorie der Sozialen Arbeit

In den 1950er-Jahren sind die damaligen Sozialarbeiterinnen (oder Fürsorgerinnen) – Männer waren damals noch nicht dabei – in der Schweiz bestrebt, die amerikanische ›Methode‹, das Social Casework, die ›Fallarbeit‹ im Sozialbereich, kennen zu lernen. Dabei geht es weniger um die ›Methode‹ selbst; diese ist seit der Zeit von Mary Richmond (vgl. PV, S. 113f.) grundsätzlich konzipiert und wird ab den 1920er-Jahren auch in der Schweiz (wenigstens stellenweise) rezipiert oder ist dem Fachpublikum zumindest über Alice Salomons (vgl. PV, S. 114) Lehrbuch »Soziale Diagnose« bekannt. Vielmehr geht es um die in der Praxis erhobenen Ergebnisse der *Evaluationsforschung* zur Anwendung dieser Methode, die in den USA bereits seit einem halben Jahrhundert gepflegt wird. [Umso erstaunlicher, dass wir hierzulande heute immer noch relativ weit von einer eigenen Praxisforschung entfernt sind.] Diese Ergebnisse sind auch für Paula Lotmar von großem Interesse, und es ist ihr wichtig, dass mit den Resultaten aus der Evaluation gearbeitet wird.

Das *casework* versteht sich nach dem Vorbild der Medizin als ein *Handlungsprinzip*, wonach auch ›soziale Fälle‹ auf der Grundlage von objektiven Diagnose-Ergebnissen ›behandelt‹ werden sollten. Angehende Fachpersonen der Sozialen Arbeit lernen, die ›Diagnose‹ – begleitet von Erkenntnissen aus den Basisdisziplinen und unter Anwendung bestimmter Abläufe – zu erstellen. Diese Vorgehensabläufe basieren auf besonderen Interviewtechniken und kasuistischen Beobachtungen, deren Ergebnisse mittels Evidenz-Kriterien zu einer Diagnose des jeweils vorliegenden Falles verdichtet werden. Auf der Basis dieser Diagnose kann dann ein ›Hilfsplan‹ (Behandlung, Therapie) aufgebaut werden. Die Hauptschritte des *caseworks* bestehen nach Gordon Hamiltons (vgl. PV, S. 112) Lehrbuch von 1940 denn auch im ›Untersuchen‹, ›Diagnostizieren‹ und ›Behandeln‹, also in der *Analyse*, der *Bewertung* und der *Intervention* (vgl. das klassische Handlungsprinzip der gewerkschaftlichen, christlich-sozialen Arbeiterbewegung: *sehen – urteilen – handeln*).

Weil es in der Schweiz bis Mitte der 1950er-Jahre sowohl in der Sozialen Arbeit als auch im Sozialwesen und der Sozialpolitik an einem fundierten *Methoden-Diskurs*, erst recht an entsprechender

Forschung zur Evidenz, fehlt, sind auch die Ausbildungen in Sozialer Arbeit nicht einheitlich aufgebaut, sondern eher Abbilder organisch gewachsener kultureller und regionaler ›Spezialitäten‹. Deshalb interessieren sich ja vor allem die Leiterinnen und Abteilungsleiterinnen der damaligen Schulen für Soziale Arbeit, unter ihnen auch Lotmar, mehr über die Evaluationsergebnisse aus der nordamerikanischen Praxis des *caseworks* zu erfahren. Damit hoffen sie, ihre Ausbildung und die Soziale Arbeit insgesamt wissenschaftlich besser begründen zu können, um sie gesellschaftlich leichter zu legitimieren.

Es gibt im Übrigen keine Anzeichen dafür, dass damals, in den 1950er-Jahren, angedacht gewesen wäre, die ›Methoden-Frage‹ in der Sozialen Arbeit neu zu stellen. Nach dem Zweiten Weltkrieg wird die Forderung, die helfende Beziehung sei nach demokratischen Prinzipien zu gestalten, zwar weiter postuliert, und auch in der Sozialen Arbeit erfuhr ein Menschenrechtsdiskurs Aufwind. Das reichert die *Theorie der Sozialen Arbeit* zwar mit neuen Begriffen und normativen Konzepten an. Gleichwohl tritt der Gedanke, dass z.B. der Schutz der Menschenwürde konkrete Maßnahmen erfordern würde, die *über* die Einzelfallhilfe hinausgeht, in der Schweizerischen Sozialen Arbeit noch lange nicht in den Vordergrund. Und es führt erst recht nicht zu einem ›Ausbruch‹ aus dem einengenden Denkrahmen der ›Methodentrias‹ *casework, groupwork* und *community organization.*

In der Sozialen Arbeit werden jedenfalls bis weit in die 1960er-Jahre die beiden *Arbeitsfelder* ›Einzelfürsorge‹ und ›soziale Gruppenarbeit‹ als *›Methoden‹* bezeichnet bzw. deren typische Handlungsabläufe als solche verstanden. Bereits bekannt war, wenn auch nur aus der Literatur, dass hier noch die ›Methode‹ der ›Social Work Administration‹ bzw. der ›Community Organization‹ dazu kommt. Diese *dritte ›Methode‹* studiert Lotmar mittels eines Studienaufenthalts in den USA. Und sie publiziert 1962:

Community Organization (Lotmar übersetzt sie mit ›Gemeinschaftsplanung‹ und kommt damit begrifflich schon nahe an die ›soziokulturelle Animation‹) befasse sich mit der ähnlichen Zielsetzung wie die übrigen ›Methoden‹, nämlich mit der *›Hilfe‹* (vgl. S. 34) – allerdings – *an Gemeinwesen* (Nachbarschaften, Quartieren, kleinen Wohngemeinden, Wohnsiedlungen, bestimmten Volksgruppen oder sogenannten funktionalen Gemeinwesen), dort, wo sich ein Gemeinwesen nicht selbst zu helfen vermag. Diese ›Hilfe‹ bestehe darin, führende Mitglieder solcher Gemeinwesen zu motivieren und zu befähigen, die sozialen Bedarfe des Gemeinwesens zu erkennen und gemeinsame bzw. genossenschaftliche Anstrengungen zu organisieren, um die fehlenden Bedarfe zu beschaffen und das Leben der Mitglieder des Gemeinwesens zu verbessern.

Es gehe der Community Organization, soweit es sich um Soziale Arbeit handle, also um die Aktivierung der verdeckten oder verloren gegangenen zwischenmenschlichen Beziehungen und ›Gemeinschaftskräfte‹ (Partizipation), welche die unerlässlichen Voraussetzungen für eine ›kollektive Selbsthilfe‹ seien. Denn erst der Wille zur Selbsthilfe ermögliche es, materielle Hilfe im Gemeinwesen erfolgreich und dauerhaft (›nachhaltig‹) einzusetzen.

Dazu brauche es Fachkräfte, welche *mit* den Menschen zusammen feststellten, wo es fehlt, und *mit* ihnen Lösungen planten und sie bei der Umsetzung beraten. Das Hauptgewicht dabei liege auf der Arbeit *mit* Menschen, auf deren Befähigung, ihre Gemeinschaftsbeziehungen so zu gestalten, dass kooperative Lösungen realisiert werden können.

Als künftige Arbeitsfelder für diese Gemeinwesenarbeit sieht Lotmar die rasch wachsenden neuen Vorortsquartiere, vor allem aber die Organisation des Zusammenlebens zwischen den ausländischen Arbeitern verschiedener Herkunft, sowohl untereinander wie mit der einheimischen Bevölkerung (es ist die Zeit des schweizerischen ›Saisonier-Statuts‹ und der ›versteckten Kinder‹: »Wir riefen Arbeitskräfte und es kamen Menschen«, Max Frisch).

Eine besondere Form der Community Organization sei die ›Sozialplanung‹; da gehe es darum, sich mit der *Abklärung* von Art und Ausmaß einer Hilfsbedürftigkeit ganzer Gruppen, mit der *Beschaffung* der Hilfsmittel und der *Organisation* und *Koordination* der verschiedenen Formen der Hilfe zu befassen. Dazu gehörten verschiedene Vereinigungen sozialer Werke oder Fachverbände (z.B. Pro Infirmis, Rheumaliga u.a.).

Auch hier würden, wie überall in der Sozialen Arbeit, ›Arbeitsprinzipien‹ angewendet, wie das Sammeln von Unterlagen (mit den Mitteln der Statistik und der Sozialforschung), das Feststellen der Notlagen (mittels Expertisen), die systematische Erstellung der Hilfspläne und deren Durchführung in geordneter Form.

Offenbar beginnt sich bei Lotmar hier das Bergriffs-Verständnis von *Methode der Sozialen Arbeit* zu verändern. In einem Typoskript von 1962 stellt sie die Frage: »Gemeinschaftsplanung – eine neue

Aufgabe für Fachpersonen der Sozialen Arbeit?« Und darin beschreibt sie jedenfalls die Methode *der* Community Organization (nicht die Community Organization *als* ›Methode‹ bzw. als ›Drittel der Methode‹ der Sozialen Arbeit).

Die Elemente bzw. Phasen der Methode in der Community Organization sind:

- Gründliches kennenlernen des Quartiers
- Bestandsaufnahme der bestehenden Gruppierungen, Verbände und Organisationen
- Aufspüren der führenden Leute und Schlüsselpersonen; persönliche Kontaktaufnahme mit ihnen
- Bildung einer kleinen, aus verschiedenen führenden Leuten gebildeten Kommission zur Beratung
- Gemeinsame Erstellung eines vorläufigen Aktionsprogrammes; Vorstellung dieses Aktionsprogrammes an einer Orientierungsveranstaltung
- Aktivierung der Gemeinschaft durch die Bildung kleiner Arbeitsgruppen; diese haben vor allem Bedarfe und Wünsche festzustellen
- Ausarbeitung eines definitiven Aktionsprogrammes durch ein größeres Gremium; Festlegung der Prioritäten durch die Gemeinschaft
- Mobilisierung von Hilfsmitteln und Multiplikatoren, Hilfe bei der Durchführung des Aktionsprogrammes, Gründung einer bleibenden Organisation

In der Abwendung von der ›Methodentrias‹, über ›Arbeitsprinzipien‹, hin zu ›Bündeln von Verfahren‹ für diverse Arbeitsfelder sind bereits Elemente der späteren (normativen) Handlungstheorie der Sozialen Arbeit sichtbar.

Und Lotmar definiert:

> »Gemeinschaftsplanung (GWA [SKA]) ist ein durch fachkundige Fachpersonen der Sozialen Arbeit angestoßener und begleiteter Hilfsprozess, der zum Ziel hat, Gemeinschaften zu befähigen, die eigenen Bedarfe und Wünsche zu erkennen und nach Dringlichkeit zu priorisieren; das gegenseitige Vertrauen zu fördern und den Willen zu wecken, Verbesserungen durch Kooperation der Repräsentantinnen und Repräsentanten möglichst aller Gruppierungen hervorzubringen; die möglichen Hilfsquellen zu suchen und zusammen zu entscheiden,

welche dienstbar gemacht werden können; und schließlich die Pläne gemeinsam zu verwirklichen.« (1962)

Diese Praxis sei in der Schweiz nicht neu, räumt Lotmar ein. Gegenüber den USA würden hierzulande die Fachpersonen der Sozialen Arbeit jedoch nicht spezifisch für das Arbeitsfeld der Gemeinschafts- und Sozialplanung ausgebildet. Das werde damit begründet, dass die Ausbildung in der Schweiz eine *Grundausbildung* sei; es gebe innerhalb der zwei Spezialausbildungen für die offene Fürsorge (Abteilung A) und für die geschlossene Fürsorge (Abteilung B) keine Spezialisierungen. Es sei davon auszugehen, dass der Lehrplan all das zu enthalten habe, was jede Fachperson der Sozialen Arbeit wissen und können sollte, um sich in jedem Arbeitsgebiet innerhalb nützlicher Frist einzuarbeiten.

Und Lotmar betont: Solange die Schule für Soziale Arbeit Zürich am Konzept der *Grundausbildung* festhalte, habe die Frage im Vordergrund zu stehen, was jede Fachperson der Sozialen Arbeit *ganz allgeme*in von der Community Organization wissen müsse; sie sei nicht verpflichtet, sie in diesem Gebiet auch zu spezialisieren.

Die Praxis, z.B. auf den ›Sozialsekretariaten‹, ist hier allerdings bereits sehr viel weiter und bietet auch entsprechende Praktika an. Lotmar mahnt deshalb an, dass nun die Zeit gekommen sei, das Curriculum um die ›Gemeinschaftsplanung‹ (Gemeinwesenarbeit/GWA) zu erweitern, vor allem auch vor dem Hintergrund, dass die sozialen Entwicklungen anzuzeigen scheinen, dass künftig vermehrt Probleme in den Gemeinwesen zu bewältigen sind. Dies sei allerdings nur mit einer Verlängerung der Ausbildungsdauer möglich.

Und Lotmar skizziert sogleich auch einen Rahmen für die Ausbildung in ›Gemeinschaftsplanung‹ (GWA). Die theoretischen Grundlagen müssten in Richtung *Sozialpsychologie* und *Soziologie der Gemeinde* erweitert und vertieft werden. Vor allem aber müssten die ›Berufsfächer‹ um die GWA ergänzt werden. Dazu würden Elemente wie ›Arbeiten mit Kommissionen‹, ›Vereinsleitung‹, ›public relations‹, ›Methoden der Erwachsenenbildung‹, ›Umgang mit Konflikten‹, ›Motivation zur Kooperation‹, ›Handling von Widerstand gegen das Neue‹, ›Nutzung von Machtstrukturen‹, etc. gehören.

Lotmar betont nun, dass – bei welcher ›Methode‹ in der Sozialen Arbeit auch immer –, es sich stets um den Einsatz einer *helfenden Beziehung* in bewusster, verantwortungsvoller und disziplinierter Art handle, zwischen einer Fachperson der Sozialen Arbeit und entweder einem/einer Einzelnen oder einer Gruppe oder einer Gemeinschaft.

Und zu dieser ›disziplinierten Art‹ – und hier wären wir dann tatsächlich bei den *Methoden* als Bündel von Verfahren – gehören nach Lotmar

- eine systematische ›Abklärung‹ (Anamnese) der Entwicklungsgeschichte und der strukturellen Ursachen der Hilfsbedürftigkeit,
- eine ›Diagnose‹ (Bewertung) für den aktuellen Zeitpunkt und die gegenwärtige Situation
- sowie die Formulierung eines angemessenen ›Hilfsplanes‹ (Therapie).

Alle drei Elemente würden zudem den Charakter von *Arbeitshypothesen* tragen, die im Laufe des Hilfsprozesses erhärtet oder Veränderungen erfahren würden.

Zu den *Techniken* gehörten dann die bewusste Gesprächsführung mit dem Ziel, die Menschen zu stützen, ihre Problem-Zusammenhänge für sie einsichtig zu machen und ihnen positive Erfahrungen zu vermitteln, sie umfassend zu informieren, sie zu befähigen, alle möglichen materiellen Hilfsquellen in Anspruch zu nehmen, oder das soziale Umfeld zu verändern usw. (1963)

Spätestens 1964 hat Paula Lotmar ihre Auffassung darüber, was die Methoden der Sozialen Arbeit betrifft, endgültig gewechselt. Sie betont fortan, dass das planmäßige Verfahren – einerlei, ob in der Einzelhilfe, Gruppenarbeit, Heimerziehung, Gemeinwesenarbeit oder in welchem Arbeitsfeld der Sozialen Arbeit auch immer – stets aus den gleichen drei Elementen bestehe, nämlich:

- Abklärung (Analyse),
- Diagnose (Bewertung),
- Hilfsplan bzw. Hilfsprozess.

Dieses Verfahren zu erlernen und sinngemäß anzuwenden sei das Kernstück der Ausbildung zu unserem Beruf. Dazu brauche es

- in einem intellektuellen Lernprozess erworbenes *Fachwissen*,
- durch systematisches Üben erworbenes berufliches *Können*,
- sowie die in einem emotionalen Lernprozess erworbenen notwendigen spezifischen Einstellungen und *Haltungen*.

Und zwei Jahre (1966) später: Methodisches, planmäßiges und zielgerichtetes Vorgehen sei ein wichtiges Kennzeichen Sozialer Arbeit.

Dieses Vorgehen könne als eigenständiges lehr- und lernbares Wissensgebiet systematisch unterrichtet werden. Ursprünglich seien es die ›Methoden‹: soziale Einzelhilfe (ab ca. 1950), soziale Gruppenarbeit (ab ca. 1955) und soziale Gemeinwesenarbeit (ab ca. 1960) gewesen.

Inzwischen (1966) seien es die *fünf* Elemente, welche das Vorgehen in der Sozialen Arbeit zu einem zielgerichteten, planmäßigen und methodischen machen:

- Abklärung: *Was liegt vor?* (Analyse)
- Bewertung: *Was bedeutet das Vorliegende?* (Diagnose)
- Ziele: *Was ist im Rahmen der allgemeinen Zielsetzung der Sozialen Arbeit veränderungsbedürftig?* (Aufgabenstellung) konkretisiert im Hilfsplan: *Was ist wie zu tun?* (Problematisierung)
- der Hilfsprozess (Behandlung)
- die Erfolgskontrolle (Evaluation).

Während Lotmar also spätestens 1966 soweit ist und die Methode der Sozialen Arbeit *handlungstheoretisch* versteht, wird die curriculare Struktur an der Schule in Zürich noch für mindestens zehn weitere Jahre entlang der ›Methodentrias‹ organisiert.

Demgegenüber hält Lotmar mehr und mehr geordnete Abläufe und klare Kompetenzen für wirksam und ein Merkmal für hohe Professionalität in der Sozialen Arbeit. Folgerichtig befasst sie sich immer mehr auch mit der Organisation der Sozialen Arbeit, dem Aufbau wirksamer Sozialdienste, den Arbeitsbedingungen von Fachpersonen der Sozialen Arbeit und mit Fragen der Führung. Ihr Buch von 1986 »Führen in sozialen Organisationen«, das sie später (1989) zusammen mit Edmond Tondeur herausgibt (»Führen in sozialen Organisationen. Ein Handbuch zum Nachdenken und Handeln«), wurde mit sieben Auflagen und zehntausenden von Exemplaren ein voller Erfolg.

Doch zunächst nochmals zurück ins Jahr 1970, wo sich Lotmar ausführlich zur Funktionsfähigkeit der Sozialen Arbeit Gedanken macht. Grundlegend für eine effektive Soziale Arbeit ist für sie die Gewinnung von vertieften *Einsichten in das menschliche Verhalten*, wozu die bewusst gepflegte Beziehung zu den Klientinnen und Klienten entscheidend sei. Aber das allein reiche nicht. Ebenso wichtig seien die wissenschaftlichen Ergebnisse aus der Forschung, die *Einsichten in die strukturellen und gesellschaftlichen Verhältnisse* bringen. Effektivität in der Sozialen Arbeit brauche also ein differenziertes Verständnis in das Wesen der Menschen *und* in die Ursachen für die Verhältnisse. Aber auch das reiche nicht.

Soziale Arbeit bzw. die Fachpersonen der Sozialen Arbeit brauchten für ihre Praxis sowohl *Erkenntnisse* aus wissenschaftlichen Disziplinen (Anthropologie, Biologie, Psychologie, Psychiatrie, Soziologie, Politologie etc.), als auch präzises und detailliertes *Wissen* zu und über die vorliegenden Fakten; und dann, wenn sie beide Wissensarten verknüpft hätten, *Fertigkeiten*, diese Faktenlage zu verändern. Und an diese Praxis schließe sich eine systematische Evaluation bzw. Praxisforschung an.

Eine wichtige Forschungsfrage (an der sich auch Generationen nach Lotmar immer wieder versuchten) ist: Woran kann Qualität in der Sozialen Arbeit gemessen werden? Verblüffend einfach die Antwort von Lotmar: Daran, ob bzw. inwiefern, namens der Sozialen Arbeit und gemessen an ihren gültigen Standards, *korrekt gehandelt* wird.

Zu klären wäre also ›nur‹: Was ist fachlich, ethisch und methodisch korrektes Handeln in der Sozialen Arbeit? Und: Wie wird dieses Handeln zwecks Überprüfung forschungstauglich dokumentiert? Wie steht es um die so genannte ›Fehlerkultur‹? Was ist in der Sozialen Arbeit Erfolg? Wie lässt er sich messen?

Für Lotmar gehen Antworten auf diese Fragen in die folgende Richtung:

- Wirksamkeit und Erfolg heiße: Die gesetzten Ziele sind erreicht.
- Die Ziele der Sozialen Arbeit (nicht zu verwechseln mit konkreten Handlungszielen) eindeutig klar zu umschreiben heiße: Die Soziale Arbeit als solche zu definieren.
- Und die Soziale Arbeit zu definieren sei ein schier uferloses Unterfangen; also müsse man sich vor allem da ›reinhängen‹.

Statt angesichts dieser Schwierigkeiten zu kapitulieren, stellt Lotmar mit Bezug auf Walter Hollstein und Robert Merton einige Kriterien zusammen, die zu einer guten Qualität der Tätigkeit der Fachpersonen beitragen können, nämlich:

- präzise Erfassung der Situation [Beschreibung, Erklärung, Bewertung]
- die Eingrenzung des anzupackenden Problems [Zielsetzung]

- Ausarbeitung der konkret zu lösenden Problemstellung (sich Klarheit darüber verschaffen, welches Teilproblem zuerst angegangen werden soll) [Problematisierung]
- Planung des Vorgehens, bereit stellen der Verfahren, Sicherung der Mittel (z.B. nötige Zeit)
- Wahl der Methoden
- laufende Überprüfung der Wirksamkeit (Qualitätskontrolle) der eigenen Handlungen der Fachperson
- Theorie- und Methodenentwicklung

Und Lotmars Antwort auf die Frage: »Was ist fachlich, ethisch und methodisch korrektes Handeln in der Sozialen Arbeit?« ist lange vor unserer heutigen *handlungswissenschaftlich* orientierten Zeit wiederum verblüffend (1970):

Wenn die Handlung

- *auf wissenschaftlichem Fach-Wissen* (analytisches Wissen) *basiert* und wenn sie vor diesem Hintergrund
- *einer Bewertung unterzogen, aus der eine Zielsetzung* (diagnostisches Wissen) *erfolgt*, und
- *auf einem praktischen Handlungs-Plan beruht, der aus der Transformation* des analytischen und diagnostischen Wissens *hervorgegangen ist* und wenn sie
- nach diesem Plan (fachlich, ethisch und methodisch) kontrolliert abläuft, und wenn sie danach
- *evaluiert wird* und deren Ergebnisse der Forschung im Hinblick auf die Theorie- und Methodenentwicklung übergeben werden.

Dies entspricht bereits vollständig dem, was wir heute als das *handlungstheoretische Prinzip* in der Sozialen Arbeit verstehen und das sich als *Modell* oder als eine ›*Theorie mittlerer Reichweite*‹ (Merton, 1968:39ff.) des professionellen Handelns darstellen lässt. Es beruht auf explanativ handlungswissenschaftlichem Wissen und liegt zwischen einer kognitionspsychologischen *allgemein normativen Theorie* und der *Praxis wissensbasierten fachlichen Handelns*. Dieses Modell (vgl. auch Schmocker, in: Portmann & Wyrsch 2019:222) lässt sich wie folgt skizzieren:

Fachpersonen der Sozialen Arbeit

- ***analysieren*** [*Explikation* (Begriffsschärfung, Begriffsdefinition), *Deskription* (Beschreibung der Faktizität der Handlungs-Situation mittels dieser Begriffe), und *Explanation* (Erklärung der Mechanismen, die dieser Faktizität zugrunde liegen)] und
- ***beurteilen*** [extrapolierende Bewertung (Prognose), normativ-moralische Bewertung (Diagnose) und teleologisch festlegende Bewertung des Veränderungsbedarfes (Zielsetzung)]

soziale Handlungssituationen in ihrer komplexen Gesamtheit und

- ***entwerfen*** [auf der Basis von Analyse, moralischer Bewertungen und Zielsetzung die *präskriptiv normativen Umsetzungs- und Handlungspläne*, die sie ***realisieren*** wollen/können/dürfen/sollen (Problematisierung, d.h. Festlegung der Problemstellung für die Fachpersonen), ***prüfen*** die durch die Fachpersonen *einzusetzenden Mittel* (Ressourcen), und ***legen*** das Vorgehen der Fachpersonen ***fest*** (Präskription, nämlich Vorschriften der Art: wenn du ›x‹ erreichen willst, musst du ›y‹ tun, weil ›y‹ in der *mechanismischen* Form ›z‹ wirkt)]

und

- ***evaluieren*** [laufend die fachliche Umsetzung der Ziel-Problem-Mittel-Relationen (Rekonstruktion der Wirklichkeit; Bewertung der Wirksamkeit; Identifikation weiterer Massnahmen sowie der Elemente für die fortlaufende Methoden- und Theorieentwicklung der Sozialen Arbeit)].

Darüber hinaus

- ***kritisieren*** (im Sinne einer begutachtenden Würdigung) Fachpersonen der Sozialen Arbeit das (sozial-industrielle) Sozialwesen, das sie beauftragt und das ihre Fachlichkeit entweder begünstigt oder einschränkt, und welches sie als Fachpersonen fördert oder korrumpiert.
  (vgl. Schmocker, in: Portmann & Wyrsch, 2019:210-228)

3.5 Konzeptionelles zu berufs- und ausbildungspolitischen Themen

Als Paula Lotmar ihre Laufbahn als Ausbilderin an der Schule für Soziale Arbeit in Zürich beginnt, dauert die Ausbildung zwei Jahre: mit theoretischem Unterricht (drei Quartale) und mit Praktika (fünf Quartale). Während der Ausbildung in Sozialer Arbeit – schreibt sie 1950 – sei eine *gute Gemeinschaft* im Klassenverband essentiell, um den ›Charakter‹ zu bilden, die ›Begabung‹ zu fördern und die ›Haltung‹ zu eichen. Wer andere führen und anderen helfen wolle, dürfe nicht selbst führungs- und hilflos sein.

Die Hauptanforderungen an die Persönlichkeit der Sozialarbeiterin seien – sagt Lotmar zeitgemäß und in Anlehnung an Pestalozzi – ein ›warmes Herz‹, ein ›klarer Kopf‹, Kontaktfreudigkeit und Freude am Umgang mit Menschen.

Zwei Jahre später kommen noch eine ›demokratische Haltung‹, die Haltung ›Arbeiten mit‹ (statt für) und die ›Übertragung der Selbstverantwortung‹ dazu. (1952)

Und 1954 beschreibt Lotmar in der schweizerischen Lehrerzeitung die Inhalte der Ausbildung in Sozialer Arbeit ausführlicher. Im zweijährigen Lehrgang an der Schule in Zürich würden sich theoretischer Unterricht und verschiedene Praktika abwechseln. Als drittes Element komme die Diplomarbeit hinzu.

Der theoretische Unterricht umfasse eine Reihe von Fächern, die für das Verständnis sozialer Fragen grundlegend seien, wie (in der Original-Reihenfolge):

- Christliche Ethik (vgl. S. 98), Wirtschaftslehre, Sozialpolitik, Gesundheitslehre; dann
- Personen-, Familien- und Erbrecht, Strafrecht, Armenrecht; ferner
- Pädagogik, Heilpädagogik, Psychologie und Psychopathologie; schließlich die
- Arbeitsfelder der Sozialen Arbeit; und die
- Methoden der Sozialen Arbeit.

Bemerkenswert ist, was in der damaligen Aufzählung noch fehlt, jedoch später für Paula Lotmar sehr wichtig werden wird:

- Soziologie und vor allem die Sozialarbeitslehre.

Besonders interessant für das Zielpublikum (Lehrpersonen) dürfte das nächste Thema, das Lotmar vorstellt, gewesen sein: Seit je habe die Schule für Soziale Arbeit auf die Durchführung von Examen und die Erteilung von Noten verzichtet. Die Leistungen der Schülerinnen in Theorie und Praxis könnten durch einen engen Kontakt zwischen Schulleitung, Dozentinnen und Praktikumsleiterinnen gut verfolgt werden. Einige schriftliche Berichte (ca. drei Klausuren pro Quartal) in einzelnen Fächern sowie die mündliche Beteiligung am Unterricht würden ebenfalls eine Beurteilung zulassen.

Die Lehrmethoden würden umfassen: ›Kolleg‹ (veraltet für akademische Vorlesung), ›Schülergespräch‹, ›Diskussionsmethode‹, ›eigene Referate‹, ›Rezensionen‹, ›Arbeitsgruppen‹, usw.

Als Aufnahmekriterien würden gelten: relative Reife (21 Jahre), warmherzige, ausgeglichene Wesensart, gute Kontaktfähigkeit und geistige Beweglichkeit; selbständiges Denken und Urteilsfähigkeit; bürotechnische und hauswirtschaftliche Kenntnisse; praktische Erfahrungen in der Sozialen Arbeit.

Noch einmal drei Jahre später schreibt Lotmar zur *Motivation*, die Ausbildung in Sozialer Arbeit zu absolvieren. Sie glaube nicht, dass gute Löhne oder mehr Prestige die Argumente seien, die junge Menschen bewegen könnten, die Soziale Arbeit als Lebensinhalt zu wählen. Die Zuwendung zur Sozialen Arbeit als *Dienst am Nächsten* entspringe vielmehr einem ethischen Impuls (dem Helferwillen; vgl. S. 37f.), Menschen im Verwirklichen der sozialen Gerechtigkeit zu helfen; dieser Impuls wurzle in weltanschaulichen Überzeugungen. Der Wunsch, sich für die Bedarfe der anderen einzusetzen, müsse vor jeder Ausbildung schon vorhanden sein; dann könne diesem Helferwillen mit der Ausbildung ein Betätigungsfeld und ein lohnendes Ziel gezeigt werden.

Im gleichen Artikel streift Lotmar auch ein *berufspolitisches* Thema: Die Soziale Arbeit selbst bleibe weitgehend unsichtbar und lasse sich jedoch kaum zeigen. Die meisten jungen Leute hätten oft keine oder falsche Vorstellungen von der Sozialen Arbeit. Die Ausbildung müsse also vor allem aufklären, Vorurteile abbauen, Interessen wecken. Sie müsse jungen Kolleginnen und Kollegen zeigen, dass es für eine sachkundige Intervention vor allem viel Wissen und Können brauche, und aufzeigen, um welches Wissen und Können es sich dabei handelt. (1957)

Und ein Jahr später beschäftig sich Lotmar ein erstes Mal mit der *Qualität* einer Ausbildung. Diese zeige sich in der Öffentlichkeit nur in der guten Qualität der Arbeit der Absolventinnen einer Ausbildung. In deren Zentrum müssten folglich die Studierenden, die zukünftigen Fachpersonen der Sozialen Arbeit stehen, die für die notleidenden Mitmenschen *gute* Arbeit leisten sollen.

Anfänglich sei sie überzeugt gewesen, dass allen angehenden Fachpersonen der Sozialen Arbeit schöpferisches und handwerkliches Gestalten und musische Betätigung etwas vermitteln werde, das in Ergänzung zum intellektuellen Lernen dazu beitrage, freier und gelöster zu werden, Fähigkeiten und Talente zu entdecken und zu fördern, die vorher verborgen gewesen waren. Die Beschäftigung mit der Soziologie habe ihr dann allerdings gezeigt, dass gesellschaftliche Probleme nicht mit ›Freizeitgestaltung‹ zu lösen seien, es seien andere Kräfte und nicht das ›schöpferische Tun‹, welche die Gesellschaft bewegen können. (1958)

In einer 1960 gehaltenen, vielbeachteten Diplomrede hat Paula Lotmar die große Verantwortung in der Ausbildung vor Augen, wenn sie gegenüber den Absolventinnen anmahnt: Die Fachpersonen der Sozialen Arbeit müssten zwischen *beruflicher Persönlichkeit* und *privater Persönlichkeit* unterscheiden lernen, zwischen den *objektiven Bedarfen* der Klientinnen und eigenen *persönlichen Wünschen* (z.B. nach Anerkennung); sie sollten jedoch auch fähig sein, zwischen den Reaktionen der Klienten, die sich auf die Situation und denjenigen, die sich vermeintlich auf die Fachperson bezieht, zu unterscheiden.

Denn gerade die *bewusste Gestaltung der Beziehung* und ihrer Ausrichtung auf die Hilfe sei ein Unterscheidungsmerkmal der fachlichen gegenüber der Hilfe aus dem privaten Gemeinschaftskreis; dieser Unterschied müsse der Fachperson stets klar sein.

Dabei sei die berufliche Persönlichkeit nicht eine andere als die private Persönlichkeit. Hier wie dort sei unsere ganze Person, unser ganzes Sein im Spiel. In der Arbeit als Fachpersonen der Sozialen Arbeit würden wir nicht ein/e andere/r sein oder als eine Teilperson vor Klientinnen und Klienten stehen. Es sei ein großes Privileg unseres Berufes, dass wir als ganze Person in der Beziehung stehen könnten, als die, die wir sind. Aber die Beziehung zwischen Fachperson und Klient verfolge ein bestimmtes Ziel. Wenn dieses Ziel erreicht sei oder dieses als unerreichbar erkannt werden müsse, ende auch die Beziehung.

Es sei nicht leicht, diese ganzheitliche Begegnung mit dem Mitmenschen in der beruflichen Beziehung mit der charakteristischen Funktion dieser Beziehung zu vereinbaren. Es sei nicht leicht, gleichzeitig Führende, Fordernde und Partnerin zu sein; gleichzeitig in größter Verantwortlichkeit für Klientinnen da zu sein, und ihnen doch aus Respekt vor ihrer Menschenwürde die größtmögliche Freiheit zu lassen. Es sei nicht leicht einzugestehen, dass das ›Ich‹ für das verantwortlich sei, was es tue, aber nicht bestimmen könne, was es damit bewirke.

Vor allem aber sei es nicht leicht, dies zu lernen, erst recht, dies zu lehren. (1960)

Das alles stellt sich als wahrlich komplexe, berufs- und bildungspolitische Herausforderung oder gar Herkulesaufgabe dar, vor die sich die Schulen für Soziale Arbeit und ihre Dozentinnen gestellt sehen. Als Ausbilderin ist Paula Lotmar nach den Standards der internationalen Community der Sozialen Arbeit ab anfangs der 1960er-Jahre auf der höchsten Höhe der damaligen Fachlichkeit. Sie setzt ihre beträchtliche Analyse- und Konzeptfähigkeit dafür ein, die Soziale Arbeit in ihrer Ganzheitlichkeit und Komplexität zu verstehen. Sie arbeitet mit am globalen Bemühen – insbesondere durch das Erforschen der verschiedenen Arbeitsfelder der Sozialen Arbeit –, die Gemeinsamkeiten der Sozialen Arbeit zu finden und zu konzipieren.

Sie teilt mit ihrer amerikanischen Kollegin Harriett M. Bartlett (vgl. PV, S. 111), einer Expertin für Lehrplanentwicklung und Ausbildungsstandards an den universitären Ausbildungen für Soziale Arbeit, das Anliegen, dass sich die Soziale Arbeit vor allem in der Lehre ständig um eine *angemessene Terminologie* bemühen und stets an *transformativen Konzeptionen* arbeiten solle, mit der sich die wichtigsten Facetten und Komponenten der Praxis als Ganzes repräsentieren lassen. Denn das, was die allgemeine Basis der Praxis der Sozialen Arbeit bilden würde, seien die Konzepte und Grundsätze der Sozialen Arbeit, die auf wissenschaftlichem Wissen, allgemeinen und speziellen Werten und methodischen Verfahren, also auf abstrakten Kognitionen beruhen. Dieses ›Wissen‹ würden sich echte Fachpersonen der Sozialen Arbeit an Fachhochschulen und Universitäten aneignen müssen, um es dann in der beruflichen Praxis (transformiert) ›anwenden‹ zu können.

Lotmar ist auch vertraut mit dem damals neu entwickelten Konzept des Person-in-Environment Model (der gegenseitigen Abhängigkeit zwischen Menschen und ihrer Umwelt), das auch für die bahnbrechende und international anerkannte Arbeit der amerikanischen Lehrbuch-Autorin Carel B. Germain (»The Life Model of Social Work Practice«) wichtig wurde (vgl. FN 6, S. 43). Auch hier wird die gemeinsame Basis für die Charakterisierung der Sozialen Arbeit nicht im Tun, sondern in dem, was dem Tun (dem professionellen Handeln) *zugrunde liegt* und somit *vorausgehen* muss, gesehen. Dazu brauche es *professionell integratives Denken*, eine *heuristisch-integrierende Denkmethode*.

Mit der expliziten Bezugnahme auf aktuelle Forschungsergebnisse aus dem riesigen amerikanischen wissenschaftlichen Fundus und der Rezeption der Lehrbücher der bedeutendsten amerikanischen, kanadischen und holländischen Autorinnen und Autoren begründen Lotmar und ihre Kolleginnen zwar das Renommee der sich international etablierenden Schule für Soziale Arbeit Zürich. Aber reicht all das, um die im Hinblick auf die Praxis riesigen Anforderungen an die Ausbildung zu bewältigen?

Wenn wir die vielen Bezeugungen, mit denen die Leistungen von Paula Lotmar zum Zeitpunkt ihres Abschieds 1980 und noch über ihren Tod hinaus verdankt werden, anschauen, dann wird deutlich, dass es für eine gute Ausbildung offensichtlich noch weit mehr braucht: Gewürdigt wird nämlich vor allem ihr enorm großes, persönliches Engagement als Ausbilderin. Die ihr entgegengebrachte Wertschätzung ist nicht nur Ausdruck ihrer persönlichen Integrität und des sorgsamen und haushälterischen Umgangs mit den eigenen Worten. Ihre Kolleginnen und Kollegen erleben sie vor allem als *die* geborene Ausbilderin. Sie pflege eine Wertschätzung über alle Parteien hinweg und konzentriere sich auf die Sache. An ihr orientiere sich die Argumentation. Sorgfältig, aber ohne Umschweife, nicht auf faule Kompromisse aus, benenne sie die Probleme und mache notwendige Veränderungsvorschläge. Bei jeder Begegnung mit ihr erhalte man einen ganz grundsätzlichen Denkanstoß, der Mut mache, und der Zuversicht in einem selbst und in die Soziale Arbeit gebe. Wohl überlegte, sachlich fundierte und entscheidende Denkanstöße seien es, welche von ihr ausgehen und die Praxis wie die Lehre und die Wissenschaft treffend verbinden.

Obwohl Lotmar vor allem als Ausbilderin gewürdigt wird, gibt es von ihr auch *berufspolitische* Denkanstöße, z.B. in der Frage der Professionalisierung der Sozialen Arbeit. Ursprünglich war das Professionsverständnis der Sozialarbeiterinnen – sofern überhaupt an eine Profession gedacht wurde – geprägt vom emanzipativen Aspekt (im Sinne von Alice Salomon, vgl. PV, S. 114), mit dem die Aktivistinnen der bürgerlichen Frauenbewegung ein halbes Jahrhundert früher mit einer *beruflichen Tätigkeit* ihren Platz in der Öffentlichkeit erkämpften. Nach Lotmar sollte die Soziale Arbeit als Profession aber auf einer geschlechtsneutralen Grundlage aufbauen, statt sie in einem geschlechtsspezifischen Bezugsrahmen zu situieren. Für die Sozialarbeiterinnen in der Schweiz ist es jedoch bis in die 1970er-Jahre hinein nicht ganz unproblematisch, sich *gegen* die herrschende Vorstellung der Sozialen Arbeit ›als weiblicher Eignungsberuf‹ zu stellen[10]. Das damalige Frauenbild als Hausfrau und Mutter, das sich nach dem Zweiten Weltkrieg und in der beginnenden Hochkonjunktur etabliert, ist stark ausgeprägt und notwendig, um die männlichen Privilegien zu schützen. Generell haben sich Frauen zu legitimieren, wenn sie berufstätig sein, das heißt einen eigenen Lohn generieren wollten, vom Stimmrecht ganz zu schweigen.

Zudem wird innerhalb der *amerikanischen* Sozialen Arbeit ab der zweiten Hälfte der 1950er-Jahre erneut versucht, auch das sozialarbeiterische Handeln durch eine angeblich neue wissenschaftliche Fundierung (in Wahrheit aber durch eine erneute kolonialisierende Vereinnahmung) zu untermauern, insbesondere durch eine verstärkte Integration von Ansätzen aus der Psychoanalyse und der Psychotherapie nach Freud. Mit nach wie vor starkem Gewicht, mit dem sich der amerikanische Diskurs auf die globale Fachwelt auswirkt, hat sich damals der Fokus der Sozialen Arbeit von der ›sozialen Lage‹ (strukturelle *Verhältnisse*) auf die ›Persönlichkeit‹ (individuelles *Verhalten*), bzw. die ›psychologischen Schwierigkeiten‹ des Individuums und in Richtung psychedelisch-esoterisch angehauchtem Methodenkult hin verschoben. Die für Lotmar so wichtige Erforschung der *Verhältnisse* war zugunsten der Anpassung des *Verhaltens* in den Hintergrund getreten. Und genau diese auf individuelle Pathologien

10 Judith Giovannelli-Blocher (vgl. PV, S. 112) beschreibt in ihrer Erinnerung im Band »Wir haben die Soziale Arbeit geprägt« von AvenirSocial eindrücklich das tiefgreifende ›Identitätsproblem‹ der damaligen Sozialen Arbeit.

fokussierende amerikanische Neuauflage des social casework lässt sich problemlos in die damalige Denktradition der Schweizer Fürsorge und Sozialarbeit integrieren.

Es erstaunt vor diesem Hintergrund nicht, dass in den 1960er-Jahren für die Ausbildung von kaum jemandem verlangt wird, dass vermehrt *soziologische Gesichtspunkte* berücksichtigt und die *Bedingungen von Bedürftigkeit* beachtet werden sollten. Mit mindestens einer prominenten Ausnahme: Paula Lotmar.

Sie beschäftigt sich explizit und gegen den Mainstream mit umfassenden *sozialen Reformen* und mit grundsätzlichen Fragen des *sozialen Ausgleichs*. Und sie gilt als diejenige, die im deutschsprachigen Raum das Fach *Soziologie* und die Berufslehre *Community Organization* (Gemeinwesenarbeit) in die Ausbildung eingeführt hat.

In einer Zeit, wo – wie Kamphuis (vgl. VP, S. 113) 1958 schreibt – Theoretiker auf dem Gebiet der Sozialen Arbeit auf die Frage, was Soziale Arbeit sei, gegenwärtig nicht mit einer Definition, sondern *gar nicht* antworten oder diese Frage überhaupt nicht stellen, ist es für Lotmar eine zentral wichtige Aufgabe in der Lehre, zielgerichtet an einer Definition der Sozialen Arbeit zu arbeiten. Ihre Definition von 1963 (vgl. S. 58f.) wird im schweizerischen Kontext zu einer einzigartigen Meisterleistung; genauso wie ihr Beitrag für die SASSA-Minimal-Richtlinien für die Ausbildung, in dem sie darlegte, was Soziale Arbeit ist (dieses Grundsatzpapier ist wie erwähnt verschollen). Bei solchen ›epochalen‹ Arbeiten steht Lotmar für seriöse Arbeit; sie steuert zurückhaltend partnerschaftlich den Diskurs und orientiert sich konsequent am Machbaren.

Bei all dem bleibt Paula Lotmar in aller Bescheidenheit leidenschaftliche Ausbilderin. Sie führt die Studierenden sorgfältig in die für sie neuen Studienfächer ein, zeigt deren Bedeutung und den Zusammenhang mit den bisherigen auf und integriert die angebotenen Inhalte. Sie reduziert komplexe Inhalte, ohne sie zu simplifizieren, und sie vermittelt den Stoff in eindrücklicher Prägnanz ganz auf die Teilnehmerinnen bezogen. Sie bereitet sich auf alle Fächer in fachlicher wie didaktischer Hinsicht gewissenhaft und gründlich vor und ist bemüht, abstrakte Gedankengänge mit treffenden Beispielen zu illustrieren.

Ihr Fächerkanon ist umfassend. Ihr fachliches Wissen und Können, ihre enorme Vielseitigkeit und ihre Gedankenschärfe begründen die Achtung ihr gegenüber und ihre Autorität auch in Konfrontationen mit Studierenden und Kolleginnen. Es ist ein auffälliges Merkmal ihrer Lernbegleitung, dass sie als Vorreiterin der Soziolinguistik großen Wert auf die Qualität der Sprache legt. In ihren Texten stehen Dinge, die zum Hinterfragen von vermeintlich Selbstverständlichem ermuntern und die zum selbständigen Denken (und Handeln) auch gegenüber scheinbar Allgemeingültigem auffordern.

Und Lotmar ist visionär: Sie führt das System-Konzept ein, um interdisziplinäres Denken zu ermöglichen, und sie setzt die Agologie bzw. Agogik-Konzepte als Klammer ein, um die Kluft zwischen Grundlagen- und Methoden- bzw. Handlungstheorie-Fächern denkerisch zu überbrücken, damit die Praxis davon profitieren könne. Und sie verhilft dem soziologischen Denken in Ausbildung und Praxis zum Durchbruch und in die Selbstverständlichkeit.

Trotz allem lässt sich dennoch kaum eine klare berufs- und ausbildungspolitische Linie und Zielsetzung, gar eine Strategie für eine Lehre der Sozialen Arbeit nach Paula Lotmar erkennen. Dafür umso mehr: Ihr Vorbild, wie sie sich ganz und gar, mit allem was sie hat und ist, bedingungslos für die Soziale Arbeit, für die lernenden und praktizierenden Fachpersonen und ihre Kolleginnen einsetzt.

Dabei zeigt sie für die Soziale Arbeit und ihre Ausbildung einen – aus heutiger Sicht – entscheidenden Weg auf. Und sie bereitet ihn vor, auch wenn sie ihn selber noch nicht gehen kann. Aber es ist ein gangbarer Weg, den ihre Schülerinnen (insbesondere Silvia Staub-Bernasconi, zusammen mit ihrem Kollegen Werner Obrecht) ausbauen können. Durch ihre – vor allem von Robert K. Merton (vgl. PV, S. 113) begründete – Soziologie öffnet sie ein Fenster auf ein für damalige Verhältnisse völlig neuartiges Verständnis des ›sozialen Problems‹.

Tradierter Weise sind *soziale Probleme* eine besondere Klasse von für die *Gesellschaft* relevanten Erscheinungen und Tatbeständen: Für Ersteres z.B. Kriminalität, Alter, Jugend, Obdachlosigkeit, Umweltgefährdung, Arbeitslosigkeit, Migration, Rassismus, Klima; für Letzteres z.B. ökonomische und politische Aktionsmuster oder die Größe der Personengruppen, welche persönliche Handlungs-Schwierigkeiten im Lösen sozialer Aufgaben in ihrem sozialen Umfeld haben oder das Ausmaß dieser Handlungs-Schwierigkeiten.

Doch Lotmar öffnet mit ihrer präzisen Beschäftigung mit dem *soziologischen* Konzept der ›sozialen‹ Probleme – vor dem Hintergrund ihres eigenen zentralen Konzepts des *Helfens*, in Kombination mit dem globalen Prinzip der Sozialen Arbeit, der *Bedürfnisorientierung* – das Tor zum *sozialarbeitswissenschaftlichen* Verständnis vom *sozialen Problem*, das dann in den 1980er-Jahren in der gleichen Abteilung, in der sie selbst wirkte, entwickelt wird.

Bei der *soziologischen Perspektive* geht es um bedeutsame Diskrepanzen zwischen sozialen (d.h. gesellschaftlichen) Standards und sozialer (d.h. gesellschaftlicher) Wirklichkeit. Deren Ursachen haben soziale (d.h. gesellschaftliche) Ursprünge und werden von gesellschaftlich anerkannten Definitoren beurteilt.

Im Gegensatz dazu geht es bei der *sozialarbeitswissenschaftlichen Perspektive* um ›praktische Aufgaben‹ von konkreten Personen in und mit ihrer ›sozialen Umgebung‹. Hier bezeichnet der Begriff soziales Problem (im Sinne einer zu lösenden Aufgabe) also eine konkrete *Handlungs-Situation*, in der sich eine einzelne Person (oder Gruppe) befindet und die sie meistern muss.

Diesen Unterschied verständlich zu machen ist Paula Lotmar sehr wichtig. Denn die ›Hilfe‹ der Sozialen Arbeit kümmert sich um die Lösung *dieser* Art sozialer Probleme (nicht um gesellschaftliche), immer dann, wenn die involvierten Personen damit Handlungs-Schwierigkeiten haben (analog der ›Hilfe‹ der Medizin bei der Lösung somatischer Probleme oder der Psychotherapie bei psychischen Problemen).

Der *soziologische* Begriff ›soziales (d.h. gesellschaftliches) Problem‹ nimmt zwar u.a. auch solche konkreten Einzelsituationen auf, generalisiert diese aber und fokussiert dabei auf etwas anderes, nämlich auf die fiktive Situation einer Sub-Gesellschaft von vielen, in gleichartigen Situationen lebenden Menschen, bzw. auf ein gemeinsames Merkmal dieser Situationen. Im soziologischen Sinn übernimmt ein *soziales Problem* die typischen Kerne sozial relevanter Einzelsituationen, ohne den konkreten Erfahrung der Menschen in diesen Einzelsituationen zu entsprechen. Die *soziale Situation* ist also ein *Denkprodukt* je einzelner Soziologen und Soziologinnen. Darauf hat Robert K. Merton aufmerksam gemacht.

Und diese Einsicht hat Lotmar in die Lehre transportiert und wurde dort von ihren Schülerinnen aufgenommen: Wenn es der Soziologie beispielsweise um *die Arbeitslosigkeit* geht, geht es der Sozialen Arbeit um die *Handlungsmöglichkeiten von konkreten Menschen*, welche ›die Arbeit‹ bzw. ›das Einkommen‹ verloren haben und sich wieder im *sozialen Umfeld der Arbeitswelt integrieren* müssen. Für die ›Sozialarbeitswissenschaft‹ ist die Lösung (das ›Meistern‹) sozialer Probleme also ein *interagierendes Handeln* konkreter Personen *zur Gestaltung ihres sozialen Umfeldes*, bezogen auf die gegebenen Strukturen und Handlungsmuster, innerhalb derer sie existieren.

Diese differenzierende Sicht Lotmars ist denn auch der gegenstandstheoretische Kern der späteren sozialarbeitswissenschaftlichen ›Zürcher Schule‹ (vgl. FN 4, S. 36), deren Wegbereiterin sie ist. Und diese ›Schule‹ ist – wenig überraschend – hoch kompatibel mit dem internationalen Fachdiskurs und insbesondere mit den Debatten, an denen sich Lotmar beteiligt hat, und die später zu den IFSW/IASSW-Definitionen und den globalen berufsethischen Prinzipien führen.

Von Paula Lotmar mag vielleicht kein ausgefeiltes berufs- und ausbildungspolitisches Konzept mehr vorliegen. Aber ihr vielfältiges und nachhaltiges Wirken ist berufs- und ausbildungspolitisch hoch relevant.

4 Und die Bereichs-Ethik der Sozialen Arbeit? – Eine Reverenz vor Paula Lotmar

Zur *Ethik der Sozialen Arbeit* oder ihrer *Berufsmoral* findet sich im Schrifttum von Paula Lotmar kein entsprechender Titel und überraschend wenig Explizites. Doch schon beim ersten Blick wird klar: Die Texte von ihr sind, basierend auf ihrer zutiefst humanistischen Einstellung, durchdrungen von ihrer berufsethischen und -moralischen Haltung. Offenbar ist ihr diese so selbstverständlich, dass es ihr nicht angebracht erscheint, ausführlich darüber zu schreiben. So bleibt es hier beim Versuch, zwischen den Zeilen lesend eine Bereichs-Ethik der Sozialen Arbeit zu rekonstruieren, wie sie Paula Lotmar gesehen haben könnte.

Ein *zentraler* vom Menschenbild der Sozialen Arbeit abgeleiteter *Wert* sei das menschliche Leben. Lotmar zur Folge bedeutet das, dass es den Fachpersonen darum gehen müsse, freie, selbstverantwortliche, dem *Mitmenschen verpflichtete Menschen* zu fördern, deren *Menschenwürde* und Individualität zu schützen und deren Kompetenzen und Können voll zu entfalten. Die dazu notwendig unabdingbaren Freiheiten, Rechte und Pflichten würden die *Allgemeine Erklärung der Menschen-Rechte* der Vereinten Nationen von 1948 (damals gut ein Dutzend Jahre alt) postulieren sowie entsprechende Verantwortungen dafür einfordern (z.B. die akzeptierende, nicht verurteilende Haltung). Lotmar ist überzeugt, dass jedem Menschen die *gleichen Chancen und Rechte* zustünden. Insbesondere sollten alle Menschen mit Würde und Selbstachtung in normalen sozialen und wirtschaftlichen Verhältnissen leben können. Oder es ist ihr beispielsweise wichtig, dass die Wertbasis der Sozialen Arbeit einerseits und die Wertbasis der sie umgebenden Gesellschaft andererseits möglichst korrespondieren.

Aber reichen solche allgemeinen Aussagen für die Konzipierung einer *Berufs-Ethik* der Sozialen Arbeit aus? Wohl kaum. Jedenfalls denkt das einer, der sich in den letzten seiner Berufsjahre vor allem mit der Ethik der Sozialen Arbeit auseinandergesetzt hat. Aber vielleicht tut er dieser Pionierin der Sozialen Arbeit auch unrecht. Vielleicht war zu ihrer Zeit das ethisch-moralische System der damaligen Gesellschaft einfach zu einheitlich und einhellig anerkannt. Es wäre damals also gar nicht nötig gewesen, darüber zu schreiben, weil man damit nur Wasser in die Limmat getragen hätte.

Tatsächlich fällt auf, dass Paula Lotmar 1954 und dann noch für mindestens weitere 15 Jahre ganz offen von der *Nächstenliebe*, der *Barmherzigkeit* oder ganz allgemein von der *Christlichen Ethik* spricht. Clara Ragaz Nadig (vgl. PV, S. 113), eine Lehrerin von Lotmar, umschreibt die ›Christliche Ethik‹ mit: ›Engagement für eine gerechte Gesellschaft‹, wozu insbesondere Frieden und das Recht der Frauen auf politische Partizipation gehören. Diese Ethik sei, so Lotmar, *grundlegend* für die Soziale Arbeit und der *wichtigste Wert* ihrer Ausbildung (vgl. S. 86). Obwohl sie selbst keine Religion praktiziert, benutzt Lotmar also (wenigstens nach heutigem Verständnis) offensichtlich religiös konnotierte Begriffe für die Ethik der säkularen Sozialen Arbeit. Aber offenbar wussten damals einfach alle, was damit gemeint ist und was die Begriffe beinhalten.

Wenn wir also mehr über die Ethik der Sozialen Arbeit, wie sie Paula Lotmar sieht, erfahren wollen, dann müssen wir zu den jüdisch-christlichen Wurzeln dieser *Begriffe* gehen. Wir müssen verstehen, was sie bedeuten, statt sie – wie heute üblich – einfach zu umgehen. Dazu müssen wir diese Begriffe nicht etwa deshalb, weil sie grundsätzlich ›religiöse‹ Begriffe wären, entstauben, sondern weil sie im Kontext unserer, vom liberalistischen Individualismus geprägten, aktuellen Gesellschaft etwas aus der Mode gekommen sind. Und dann müssen wir uns dem neutestamentlichen ›Urbild‹ des Gebotes der Nächstenliebe stellen, der Parabel des *Barmherzigen Samariters* (Lukas 10,25-37).

Gehen wir also zunächst der Frage nach: Wie sind die Begriffe ›Erbarmen‹, ›Nächstenliebe‹, ›Barmherzigkeit‹ usw. zu verstehen? Genauer: Wie begreift die hellenistische Autorenschaft der Parabel des *Barmherzigen Samariters* diese Begriffe?

›*Erbarmen*‹ und ›sich erbarmen‹ (synonym: ›Mitleid haben‹, ›mitempfinden‹) bedeutet ursprünglich: was einem das Herz (oder allgemein: die Innereien) ›bewegt‹. Die Autorenschaft begreift diese Begriffe vom griechischen ›oiktirmos‹ (οἰκτιρμός) bzw. ›eleos‹ (ἔλεος) her:

- oiktirmos meint das (*subjektive*) ›Gefühl des Unbehagens‹, das man empfindet, wenn man Zeuge einer ›Notsituation‹ wird;
- eleos meint das (*objektive*, bzw. *universelle*) Bedürfnis, ›spontan zu helfen‹, Notleidende zu unterstützen, Elend und Armut zu lindern, und Bedürftige zu stärken.

›*Barmherzigkeit*‹, ›barmherzig‹ oder ›sich erbarmen‹ bezeichnet danach *ursprünglich*: über die Eigenschaft verfügen, für die Situation von leidenden Menschen *ansprechbar* zu sein und zu bleiben; und entwickelte sich später zur Bedeutung:

Ein Verständnis, ein implizites Wissen über die Situation leidender Anderer zu haben, welches sich zunächst in einer allgemeinen Bereitschaft zur Uneigennützigkeit zeigt und schließlich im aktiven Intervenieren zur Geltung kommt.

Hier schimmert das *handlungstheoretische* Moment durch, entweder das klassische der christlich-sozialen Arbeiterbewegung: Sehen – Urteilen – Handeln; oder das der allgemein normativen Handlungstheorie der aktuellen Sozialen Arbeit: Bündle das analysierte *Faktenwissen* – integriere es zusammen mit moralisch beurteiltem *Wertewissen* – und transformiere es in methodisch korrekte *Handlungspläne*, um dann danach zu handeln.

Wie auch immer: Barmherzigkeit hat jedenfalls rein gar nichts mit der spät-mittelalterlichen Vorstellung zu tun, dass sich mit frommen bzw. frömmlerischen Taten der Himmel verdienen lässt!

Beim Begriff ›*Nächstenliebe*‹ liegt die Betonung der *Barmherzigkeit* auf dem oder der Nächsten, d.h. auf *Mitmenschen in der Nähe*, Menschen innerhalb des eigenen Wirkungskreises, insbesondere diejenigen, zu denen eine solidarische und entsprechend fürsorgliche Beziehung hergestellt wird, bzw. werden kann oder werden muss.

Damit lässt sich ein direkter Bezug zur Funktion der Sozialen Arbeit herstellen, denn von ihren Fachpersonen wird allgemein erwartet, dass sie zu Menschen in ihrem Einflussbereich, die sich in einer Notlage befinden, eine *sorgende* und – vor allem – eine *stärkende* (ermächtigende) Beziehung eingehen, begleitet von analytischem, ethischem und methodischem Wissen, woraus sie ihre Handlungsmotive und Handlungsimperative für ihre konkreten Aktionen und Interventionen beziehen.

Mutmaßlich hat das Paula Lotmar genau so gesehen.

Nehmen wir uns nun der Parabel (der Beispielerzählung) vom *Barmherzigen Samariter* an, auf die sich Lotmar ausschließlich *wertetheoretisch* bezieht, obwohl sie immer wieder auch als Entstehungsmythos der Sozialen Arbeit herhalten muss (z.B. Engelke, 2003:41ff; C. Wolfgang Müller, 1994:9f). In diese Parabel ist das *ethische Gebot* der ›Nächstenliebe‹ eingebettet.

Die Rahmenhandlung für die Einbettung der Parabel erzählt von einem *Lehr-Gespräch*, wie es zur damaligen religiösen Praxis gehört; es besteht aus der Erörterung von Fragen und Gegenfragen und bezweckt das gemeinsame Lernen. Es wird zwischen einem ernsthaft nach Erkenntnis suchenden jüdischen Theologen, der Jesus respektvoll mit dem Titel ›Lehrer‹ anspricht, und Jesus geführt, um dessen Leben und Wirken es im ganzen Lukas-Evangelium geht. In: Lukas 10,25-37 steht:

25 Einmal, als Jesus im Kreis seiner Anhängerschaft ein Lehrgespräch führte, bot sich ein – auf die Tora-Unterweisung spezialisierter – Gelehrter an und stellte Jesus eine grundsätzlich existentielle

[1] *Frage*: »Magister, was muss ich tun, dass ich das von Gott verheißene Leben erlange?«

26 Jesus antwortete mit einer

[2] *Gegenfrage*: »Was steht denn in den Weisungen der Tora, was liest du dort?«

27 Daraufhin wählte der Gelehrte aus seinem umfangreichen Fachwissen ausgerechnet *die* zentralen Stellen, die einen Bezug zur aktuellen Debatte um das Verhältnis zwischen ›Gottesdienst‹ und ›Menschendienst‹ hatten. Und er zitierte einerseits aus dem wichtigsten Gebet des antiken Judentums, dem *Schma Jisrael*, dem ältesten Ausdruck jüdischen Selbstverständnisses, die *Aufforderung zur Gottesliebe*[11], und andererseits aus der Weisung für Priester, dem *Tôrat Kohanîm*, das *Gebot der Nächstenliebe*[12], und gab zur

[3] *Antwort*: »Du sollst deinen Gott lieben aus ganzem Herzen und ganzer Seele, mit ganzer Kraft und mit all deinen Gedanken; und:

11 Deuteronomium (das fünfte Buch Mose) Dtn 6,5

12 Levitikus (das dritte Buch Mose) Lev 19,18

Du sollst deinen Nächsten, den Mitmenschen, der dir am nächsten steht, lieben, sowie dich selbst.«

28 Jesus anerkannte: »Du hast vernünftig geantwortet«. Und er lässt eine

[4] *Handlungsaufforderung* folgen: »Also tu das, und du wirst das verheißene Leben finden«.

29 Doch der Gelehrte konnte sich mit dieser Antwort nicht zufriedengeben, denn er hat noch nichts Neues dazu gelernt; deshalb präzisierte er seine Ursprungsfrage, und gab mit ihr nun dem ›Menschendienst‹ gegenüber dem ›Gottesdienst‹ deutliches Gewicht, mit einer neuen

[1] *Frage*: »Aber, Magister, wer ist denn *mein* Nächster, der Mitmensch, der *mir* am nächsten steht?«

Jesus nimmt diese Frage indirekt auf und entfaltet nun die

Parabel vom barmherzigen Samariter:

30 »Ein Mann ging von Jerusalem nach Jericho hinab; und er wurde von Räubern überfallen, die ihm die Kleider vom Leibe rissen, ihn ausplünderten und zusammenschlugen, davon gingen und ihn halbtot liegen ließen.

31 Zufällig kam ein Priester denselben Weg. Als er den unter die Räuber Gefallenen sah, wich er aus und ging vorbei.

32 Ebenso ein Levit, ein Tempeldiener. Als er an die Stelle kam und ihn sah, wich er auf die gegenüberliegende Seite aus und ging vorbei.

33 Schließlich kam ein Handelsreisender aus Samarien, der den Weg nach Jerusalem hinauf ging, dort vorbei.
Er *sah* den Mann in seiner Not und fühlte mit ihm.

34 Er ging zu ihm hin, *erkannte* seine Lage und *kümmerte* sich um ihn; er goss Wein und Öl auf seine Wunden und verband sie. Dann setzte er ihn auf sein eigenes Lasttier, führte ihn hinauf in ein Gasthaus und sorgte für ihn mit allem Nötigen.

35 Am anderen Tag gab er dem Wirt zwei Denare und er fügte hinzu: ‚Sorge du für ihn; und wenn du seinetwegen weitere Auslagen hast, will ich sie dir ersetzen, wenn ich auf der Rückreise hier vorbeikomme‘«.

Nun wechselt die Erzählung wieder zur Rahmenhandlung:

36 Jesus regte den Gelehrten dazu an, etwas zu lernen, in dem dieser bezüglich seiner Frage (Wer ist denn mein Nächster?) die *Perspektive* wechseln solle, und stellte ihm die zweite

[2] *Gegenfrage*:

»Was meinst du, wer von den dreien ist *dem*, der den Wegelagerern in die Hände gefallen ist, *zum Nächsten geworden*? Wer hat an ihm *als Mitmensch* gehandelt?«

37 Der Gelehrte erkannte, dass die Frage nach ›dem Nächsten‹ *nicht* vom formalen Beziehungs-Verhältnis abhängt, sondern von seinem Verhalten oder Handeln, mit dem er sich einem oder einer Anderen als *Nächster dienstbar erweist*; die Frage ist also: *Wem* bin *ich* der oder die Nächste? und er gab zur

[3] *Antwort*: »Derjenige, der *Erbarmen* mit ihm hatte, d.h. sich von seiner Not berühren ließ und sich um ihn kümmerte, also dem objektiv universellen Bedürfnis ›eleos‹ nachgab« (und das war ausgerechnet einer, von dem man dies am allerwenigsten erwartet hätte).

Daraufhin erfolgt die zweite

[4] *Handlungsaufforderung*, indem ihn Jesus motivierte, sich stets, im Rahmen seiner Möglichkeiten, um andere zu kümmern, um so selbst zum Nächsten, zum Mitmenschen zu *werden*, und auf diese Weise den Not-wendenden *Menschendienst* zu leisten und so das doppelte Gebot der Nächsten- und der Selbstliebe zu erfüllen:

»Geh, und mach es ebenso!«

Den damaligen Jüdinnen und Juden waren einige Sachverhalte, die in der Parabel in Lukas 10,25-37 zur Sprache kommen, so selbsterklärend, dass sie dort nicht weiter ausgeführt werden mussten. Uns heute Zuhörenden aber könnten, ohne Klärung, einige Aspekte entweder entgehen oder wir könnten sie missverstehen oder falsch interpretieren. Dazu gehören Stichworte wie:

- *Der Weg von Jerusalem nach Jericho bzw. umgekehrt*
  Der Höhenunterschied zwischen dem auf rund 750 m über Meer liegenden Jerusalem und dem auf 280 m unter dem Meeresspiegel liegenden Jericho beträgt über 1'000 Meter, die Luftlinie rund 27 km. Zur Zeit Jesu war der Weg dazwischen ein beschwerlicher und gefährlicher Saumpfad von ca. 40 km Länge durch die öde

Judäische Wüste. Dieser Weg war Zubringer für Jerusalem zum damaligen internationalen Haupthandelsweg zwischen Afrika und Asien, an dem Jericho lag. Der Abstieg dauerte rund 10 Stunden (eine gute Tagesreise), umgekehrt wohl doppelt so viel.

- *Ein Mann* (es gibt ausschließlich Männer in dieser Geschichte) *der unter die Räuber fällt*
  Von diesem ›Mann‹, der sich auf diesem vor allem von Handelsreisenden benutzen und deshalb für Räuber attraktiven Weg befindet, wird nichts Weiteres erzählt. Es muss sich für die damals zuhörenden Jüdinnen und Juden also als einer von ihnen, ein rechtschaffener Angehöriger ihrer sozialen Gemeinschaft, handeln.

- *Ein Priester*
  Zur Zeit Jesu war ein jüdischer *Priester* ein theologisch gebildeter Bediensteter des *Tempels* in Jerusalem (beides gibt es schon lange nicht mehr), der bei den ›Gottesdiensten‹ bestimmte Aufgaben zu erfüllen hatte, z.B. die Deutung des Willen Gottes, rituelle Segenssprüche, usw. Dafür musste er aber auch bestimmte Reinheits- und Ehegebote einhalten. So durfte er insbesondere nicht mit der Versehrtheit anderer Menschen, mit Tod und Verwesung, in Berührung kommen.

- *Ein Levit oder Tempeldiener*
  Die Leviten waren damals zuständig für den Tempeldienst insgesamt und übten den Dienst am Altar aus. Wegen dieser *Nähe zu Gott* galten auch für sie die Reinheitsgebote.
  Für die zuhörenden Jüdinnen und Juden war es also absolut normal und nichts außergewöhnliches, wenn Priester oder Tempeldiener um Sterbende einen großen Bogen machten. Bis zu dieser Stelle in der Parabel war für sie also noch nichts Spannendes oder Skandalöses an der Geschichte (für uns heutigen hingegen schon).

- *Ein Handelsreisender aus Samaria (der ›Barmherzige Samariter‹)*
  Mit dem Auftritt dieses Mannes gab es für die damaligen Zuhörenden nun aber allen Grund für helle Empörung: Ein Samariter (ausgerechnet ein Samariter!) kommt ins Spiel.

Der Name Samariter geht auf die biblische Stadt *Samaria* zurück. Menschen aus Samaria waren damals meistens *Samaritaner*, d.h.: gehörten einer von den frommen Jüdinnen und Juden nicht anerkannten religiös-israelitischen Glaubensgemeinschaft an. Sie seien – so der Stereotyp – fehlgeleitete Abtrünnige. Sie wurden deshalb ganz besonders geringgeschätzt und systematisch ausgeschlossen.

- *Zwei Denare*
  Ein Denar wäre heute nominal rund 45 vielleicht 50 Franken wert, hätte aber eine rund fünfmal stärkere Kaufkraft: Ein Denar war damals ungefähr ein Tagesverdienst für einen Arbeiter und zwei Denare waren sicher genug für eine Woche Pension in der Herberge.

- *Erbarmen, Barmherzigkeit*
  In den *neutestamentlichen* Schriften wird ›Barmherzigkeit‹ als *Menschenliebe* verstanden, und synonym für den ›Dienst am Mitmenschen‹ verwendet, insbesondere für soziales Engagement in der Gemeinde zugunsten ausgeschlossener Menschen.

- *Menschendienst und Gottesdienst*
  Die alttestamentliche Gesetzes-Theologie der mosaischen Religion unterscheidet zwischen dem ›Gottesdienst‹ und dem ›Menschendienst‹ und grenzt diese ›Dienste‹ stark voneinander ab. Dagegen begann sich zur Zeit Jesu eine neue Theologie zu etablieren, die in der jüdischen Religion heute noch von zentraler Bedeutung ist. Sie verknüpft die beiden ›Dienste‹ kategorisch und stärkt dabei den ›Menschendienst‹ gegenüber dem ›Gottesdienst‹ deutlich.

  Heute meint das auf diese Theologie bezogene judäische Grund-Prinzip, dass der ›Gottesdienst‹ einzig und *nur* durch bzw. über den ›Menschendienst‹ möglich ist: Eine Beziehung zu Gott ohne Dienst an den Menschen ist nicht möglich. Es gibt keinen *anderen* Weg zu Gott als über die Sorge für Menschen.

Dieses Prinzip macht es im Übrigen auch säkularisierten Professionen wie etwa der Sozialen Arbeit möglich, für die moralphilosophische Analyse ihres *Dienstes am Menschen* die Parabel des Barmherzigen Samariters zu reflektieren, einerlei, ob man an Gott glaubt oder nicht, oder welchen Glauben man lebt. Vermutlich würde auch

Paula Lotmar sagen, dass sie keineswegs religiös argumentiert, wenn sie die grundlegenden ethischen Werte der Sozialen Arbeit mit *Nächstenliebe* und *Barmherzigkeit* definiert. Abgesehen davon ist eine *Parabel* einfach eine literarische Form, mit der vor allem moralische, also auf gutes oder richtiges Handeln bezogene Erkenntnisse generiert werden sollen.

Paula Lotmar jedenfalls benutzt die Begriffe *Menschenliebe*, bzw. *Barmherzigkeit* und ihre Konnotation für die Bedeutung: *Dienst am Mitmenschen* im originären Sinn als *soziales Engagement* in der ›Gemeinde‹, insbesondere als Einsatz für verachtete und ausgeschlossene Menschen, also als Assistenz für Notleidende und Arme. Für sie sind Nächstenliebe und Barmherzigkeit allgemeine, grundlegende ethische Werte, und dieses hier so beschriebene, berufs-moralisch aufgeladene Konzept *Dienst am Mitmenschen* beruht auf diesen Werten.

Doch dieses Konzept realisiert nicht nur die Werte der Sozialen Arbeit, sondern hat mit ihr zumindest auf zweifache Weise auch zu tun: zum einen auf eine ›gegenstandstheoretische‹ und zum andern auf eine ›handlungstheoretische‹ Weise. Dabei ist zunächst der Kern der Parabel bedeutsam. Dieser kreist ja um die Frage: Wer *ist* mein Nächster? Die Pointe liegt dann aber nicht auf der Antwort auf diese (Wer-) Frage, sondern auf einem Perspektivenwechsel: »Wie werde *ich* dem, der unter die Räuber gefallen ist, zum Nächsten?«, also auf der (Woraufhin- und Womit-) Frage: »Durch welche Art von Verhalten, durch welches Handeln werde *ich* für einen Menschen in Not zum Nächsten?«

Im Kern geht es also um die Aufforderung, den Blick vom *Status*-Objekt (Für wen oder was bin ich als Fachperson der Sozialen Arbeit zuständig? Was ist mein ›Auftrag‹?) auf das gegenstands- und handlungstheoretisch bedeutsame *Bestimmungs*-Subjekt (Die Problematik welcher konkreten Handlungs-Situation erfordert *von mir* welche Aufmerksamkeit, welche Bewertung und welche Aktion?) zu lenken. Und dieses Subjekt ist eine – prinzipiell selbst handlungsfähige – Person (oder mehrere), von der (explizite oder auch implizite) Erwartungen ausgehen.

Berufsmoralisch relevant ist dann die Frage: Mit welchem professionellen Handeln reagiere ich als Fachperson der Sozialen Arbeit adäquat, d.h. moralisch richtig, auf die Aufforderung einer notleidenden Person, ihr ›zur Nächsten‹ zu werden?

Lotmar ist überzeugt, dass das Handeln, welches *Nächstenliebe* praktiziert, typisch (also adäquat) für die Soziale Arbeit ist. Das könnten wir heute so verstehen: Für die Soziale Arbeit ist dasjenige Handeln ethisch und methodisch korrekt, das *Handlungsimperative* umsetzt, die vor dem Hintergrund des *unbedingten Anspruchs* an die ›in der Verantwortung stehende Person‹ entwickelt wurden, die Not zu sehen, die Situation realistisch einzuschätzen und entsprechend zu intervenieren, also diese Handlungsimperative entsprechend auszuführen.

Die berufsmoralische Pointe beim *ethischen Gebot* der ›Nächstenliebe‹ – wie es Paula Lotmar einfordert – liegt also darin: Es spielt keine Rolle, wer die ›notleidend nächste‹ Person ist, auch nicht, in welchem Verhältnis sie zu mir steht, ob sie eine Verwandte, eine Mitbürgerin, ein Volksgenosse oder ein anerkannter Migrant, eine Bezugsberechtigte, die ihre Plichten und Vorleistungen erfüllt hat oder wer auch immer, ist. *Ich* (die Fachperson der Sozialen Arbeit) stehe in der Verpflichtung, mich für Menschen einzusetzen, die innerhalb meines Einflussbereiches meine Solidarität und Unterstützung *jetzt* brauchen, weil sie selbst dazu nicht mehr in der Lage sind oder nicht mehr weiterwissen.

Nicht die Fachpersonen der Sozialen Arbeit (noch weniger die Organisationen des Sozialwesens) treffen also die *berufsmoralische* Entscheidung, ob und wo sie für einen Mitmenschen verantwortlich werden. Diese moralische Entscheidung wird ihnen durch die konkrete Situation, durch die vorliegende Faktizität abgenommen. Es kann also auch vorkommen, dass diejenige Person, von der ein unbedingter Anspruch ergeht, mich um sie zu sorgen, im ›normalen‹ Leben unter Umständen mein ärgster Feind ist, meine politische Gegnerin, mein stärkster Konkurrent, die Unbekannte, die mir normalerweise Angst macht. Es kann sogar vorkommen, dass der moralische Anspruch zur Mitmenschlichkeit von Menschen ausgeht, deren ›besondere Situationen‹ aus sozialen oder politischen Gründen als rechtlich illegal definiert werden.

Die Fachpersonen der Sozialen Arbeit sind, wenn wir von Lotmars Standpunkt ausgehen, in diesen Situationen berufs-moralisch aufgerufen, gleichwohl zu handeln. Der generelle Aufruf ist der professionsspezifische Handlungsimperativ, sich zu ›sorgen um‹, andere ›zu fördern‹ und bis zum Ende bzw. bis zur Lösung der problematischen Situation durchzuhalten, sowie willig zu sein, die beruflich zur

Verfügung gestellte Zeit, Macht und Mittel einzusetzen, um diesen konkreten Menschen in Not zu helfen.

Der berufsmoralische Imperativ der Sozialen Arbeit ist also ein unbedingtes SOLLEN, das mit ihren Zielen (WOLLEN) und ihrer Expertise (KÖNNEN) korrespondiert und das im Bereich ihrer Funktionen und Zuständigkeiten (DÜRFEN) liegt. Mit diesem Sollens-Imperativ zur menschenfreundlichen Humanitas, von der Paula Lotmar spricht, und vor dem Hintergrund der gegenstands- und handlungstheoretischen Prinzipien der Sozialen Arbeit, ergeben sich die – zugegeben: hohen – Werte- und Normen-Dimensionen, die sie einfordert.

Dass die Fachpersonen der Sozialen Arbeit diese Anforderungen erfüllen können, dafür – so Paula Lotmar – seien im Wesentlichen die Schulen für Soziale Arbeit verantwortlich. Sie hätten das Wissen zu vermitteln und das optimale berufliche Handeln zu lehren, vor allem aber die Fragen der Ethik der Sozialen Arbeit, zusammen mit den studierenden Kolleginnen und Kollegen, gründlich zu erörtern.

Denn letztlich sollte die Soziale Arbeit darauf abzielen, einen Beitrag an die ›Humanisierung‹ und die ›Demokratisierung‹ unserer Gesellschaft zu leisten. Und dazu sei in erster Linie rationales Handeln gefragt, das während des Studiums der Sozialen Arbeit eingeübt und laufend reflektiert werden müsse. (1970)

Epilog

Als meine ›kognitive Wut‹ über die offensichtliche Tatsache verflogen war, dass auch diese Pionierin betrifft, was leider für so viele andere Kolleginnen und für Frauen allgemein oft gilt: Sie werden unsichtbar gemacht, totgeschwiegen und vergessen, und damit auch ihre umfangreichen, hervorragenden theorie- und methodenentwickelnden Arbeiten, zeichnete sich vor meinem geistigen Auge schnell ab, wie aktuell und wie reichhaltig die Standpunkte und Konzeptionen von Paula Lotmar zur Sozialen Arbeit sind. Heute bin ich dankbar dafür, dass ich wenigstens für mich einige Spuren dieser Schweizer Pionierin der Sozialen Arbeit entdecken und interessante Aspekte und spannende Zusammenhänge ausfindig machen konnte.

Vieles von dem, was ich zusammentrage, mag im heutigen Studienalltag wohl wenig spektakulär erscheinen, eher zeitgemäß normal. Aber wenn man in Rechnung stellt, wann und vor allem in welchem konkreten Umfeld sie ihre Ideen entwickelt und aufgeschrieben hat, dann wird deutlich, dass Paula Lotmar ihrer Zeit weit voraus war.

Und sie hat für uns Nachkommende mutig den Weg bereitet. Es lassen sich einige Fundamente von ihr erkennen, auf denen heute stolze Theorie-Gebäude stehen. Aber es finden sich auch immer noch offene Baustellen, an deren Weiterentwicklung sich niemand gewagt hat. Dennoch können da und dort auch Argumentationen von ihr verfolgt werden, die weit in die globalen Diskurse der Sozialen Arbeit hinein reichen. Und es lassen sich allerdings auch Einsichten erkennen, die schon längst nicht mehr der ursprünglichen Autorin zugeschrieben werden.

Paula Lotmar war im wahrsten Sinne des Wortes eine Pionierin der Sozialen Arbeit. Und wieder habe ich meine studierende Kollegin im Ohr, die mich vor einem Vierteljahrhundert schon fragte, warum wir denn nichts von ihr wissen. Mit etwas Verspätung kann ich nun ein kleines Bisschen zur Überbrückung dieser Wissenslücke beitragen.

Doch das wäre ohne die tatkräftige Unterstützung so vieler Menschen nicht möglich gewesen, angefangen von den Studierenden, die mich mit dieser Fragestellung ursprünglich herausforderten bis hin zu meiner Partnerin, Renie Lauper, die mich bis zum und insbesondere beim Abschließen dieser Arbeit entlastet und motivierend unterstützt hat. Ihnen allen bin ich unendlich dankbar.

Ein großer Dank geht auch an die ehemaligen Schülerinnen und Kolleginnen von Paula Lotmar, in erster Linie an Silvia Staub-Bernasconi, Judith Giovannelli-Blocher und Luzia Ammann, die mich in der Realisierung meines Projektes bestärkt haben, weil sie natürlich wussten, dass es sich lohnt.

Ich danke Christoph Häfeli, Maria Solèr und Peter Sommerfeld für die frühen fachlichen Hinweise, sowie Rahel Castelli, Tuala Radtke, Sarah-Seraina Wilhelm, Michelle Bertschy und einigen anderen für ihre Beiträge, auch wenn diese mitunter ›nur‹ darin bestanden haben mögen, dass sie mir bei Gelegenheit einfach zugehört, dabei knifflige Fragen gestellt oder mich mit klugen Einwänden heilsam verunsichert (und davon möglicherweise gar nichts mitbekommen) haben.

Ganz herzlich bedanke ich mich bei den Kolleginnen und Kollegen, die mich tatkräftig unterstützt und/oder immer wieder angestoßen und ermuntert haben, an diesem Projekt dran zu bleiben und weiter zu machen, namentlich bei Rahel Wüst, Jlanit Schumacher, Petra Gregusch; insbesondere aber bei Kaspar Geiser für seinen verlässlichen Beistand, seine Förderung und kräftige Unterstützung.

Ich danke Malgorzata Zöhner für ihre kundige Unterstützung bei der Quellensuche, und auch Agnès Fritze, Anna Maria Riedi, Astrid Ducommun, Stéphane Beuchat und Nicole Wichmann, die sich an der Komplettierung der Quellen beteiligten.

Ein ganz besonderer Dank geht auch an Katharina Schmocker für ihr spontanes Einspringen zur richtigen Zeit und das zur Verfügung stellen ihrer einschlägigen Erfahrungen. Und ich danke den Mitarbeitenden des Verlags Barbara Budrich für ihre freundliche Aufnahme und kundige Begleitung.

Vor allem aber danke ich Beat Däppeler, der engsten Bezugsperson von Paula Lotmar in ihren letzten Lebensjahren: Ohne ihn, ohne seine unermüdlich entschlossene Unterstützung und seine hilfsbereite Großzügigkeit würde es diesen Band schlicht nicht geben!

Personenverzeichnis

Addams, Jane (1860–1935) war eine politische Soziologin und engagierte Feministin der internationalen Friedensbewegung. Sie gilt als *die* Wegbereiterin der beruflichen Sozialen Arbeit. Sie gründete 1889 das Hull-House-Settlement in Chicago (zusammen mit Ellen Gates Starr) nach dem Vorbild der Toynbee Hall in London. Sie war Mitautorin an den Hull-House Maps and Papers, welche die Arbeitsgebiete und die Methoden der Chicagoer Soziologie-Schule definierten, auf die sie durch ihre Arbeit in angewandter Soziologie so großen Einfluss ausübte, dass sie heute als Gründerin des soziologischen Instituts und damit der Universität von Chicago gilt.

Arlt, Ilse (1876–1960) gilt als erste Wissenschaftlerin der Sozialen Arbeit und erarbeitete die Grundlagen einer eigenständigen Fürsorgewissenshaft. Sie gründete in Wien die erste Fürsorgerinnen-Schule. Zudem war sie Autorin diverser Lehr- und Fachbücher für Soziale Arbeit.

Bartlett, Harriett M. (1897–1987) war (wie Paula Lotmar) Praktikerin, Dozentin und Theoretikerin der Sozialen Arbeit. Sie erforschte ein Leben lang die Soziale Arbeit als Ganzes und die Gemeinsamkeiten ihrer verschiedenen Berufs- und Arbeitsfelder. Darüber veröffentlichte sie zahlreiche Studien. Von ihr stammen auch verschiedene Vorschläge zur Gegenstandsbestimmung der Sozialen Arbeit (z.B. ›social functioning‹) sowie ihrer Elemente (Zweck, Funktion, Methoden etc.) und sie führte den Vorsitz bei der Erstellung des ›Hollis-Taylor-Berichtes‹, der die Bachelor- und Master-Ausbildung in Sozialer Arbeit in den USA und Kanada maßgeblich beeinflusste. 1978 erschien ihr Standardwerk *Grundlage beruflicher Sozialer Arbeit* auf Deutsch (The Common Base of Social Work Practice, 1970), darin insbesondere: *Die integrativen Elemente einer Handlungstheorie*.

Brack, Ruth (1933–2020) war eine Schweizer Pionierin der Sozialen Arbeit, die von 1961–1963 an der Universität Denver USA im Master of Social Work ›Social Group-Work‹ und ›Community Organizing‹ (Gemeinwesenarbeit) studierte. Sie gründete 1963 die Schule für Sozialarbeit in Gwatt, die sie bis 1975 leitete, um danach die Vereinigte Schule für Sozialarbeit Bern und Gwatt zu leiten. Im Auftrag der SASSA (Schweizerische Arbeitsgemeinschaft der Schulen für Soziale Arbeit) konzipierte und leitete sie dort den ersten Dozenten-Lehrgang für alle Schulen in der Deutschschweiz.

Germain, Carel B. (1916–1995) war Sozialwissenschaftlerin und Erforscherin der Sozialen Arbeit u.a. an der Columbia University School of Social Work New York. Sie gilt als eine der wichtigsten Denkerinnen der Sozialen Arbeit. Sie begründete das ›Life-Model‹ und erforschte zusammen mit ***Alex Gitterman*** (*1938) seine Funktion und Effektivität in der Praxis. (Deutsch: Praktische Soziale Arbeit. Fortschritte in Theorie und Praxis. 3. Aufl. 1999)

Giovannelli-Blocher, Judith (1932–2024) war eine in der schweizerischen Öffentlichkeit weit herum angesehene praktizierende Sozialarbeiterin und Ausbilderin (Geschichte und Berufsmoral der Sozialen Arbeit) an mehreren Schulen für Soziale Arbeit der Schweiz. Sie war bekannt für ihre politischen Statements, mit denen sie sich für Benachteiligte einsetzte und für die Rechte der Frauen kämpfte, oft auch gegen die politische und wirtschaftliche Elite, zu der vor allem auch ihr Bruder gehörte.

Hamilton, Gordon (1892–1967) war als Praktikerin eine renommierte Dozentin an der New York Columbia University School of Social Work (von 1952 bis 1955 als deren Dekanin), Beraterin (u.a. für die Forschung) und Autorin, deren Werke, darunter *Theory and Practice of Social Casework* (1940/1951), die Entwicklung der Theorie der Sozialen Arbeit maßgeblich beeinflussten. Für die Columbia University entwickelte sie das Doktorandenprogramm für Soziale Arbeit. Von 1956 bis 1962 war sie auch Herausgeberin und Chefredakteurin der Fachzeitschrift *Social Work.* Zeitlebens setzte sie sich für die Integration von Erkenntnissen aus der wissenschaftlichen Forschung mit sozialen Werten als Grundlage der Praxis ein.

Hollstein, Walter (*1939) ist ein Schweizer und Deutscher Soziologe, lebte in Basel, Beirut, Kairo und dann 30 Jahre in Berlin, später in Bremen, heute wieder in Basel. Gab 1973 zusammen mit der Psychologin, Autorin und Rektorin der Evangelischen Hochschule für Soziale Arbeit Berlin, ***Marianne Meinhold*** (1941–2021) den Band *Sozialarbeit unter kapitalistischen Produktionsbedingungen* heraus.

Kamphuis, Marie (1907–2004) war eine der einflussreichsten Pionierinnen der *europäischen* Sozialen Arbeit. Sie studierte 1946–1947 *Social Casework* an der New York School of Social Work, Columbia University; und 1954–1955 an der Chicago School of Social Service Administration, University of Chicago. Sie hatte gute Kontakte in die akademische Welt des Social Works und saß in vielen Beiräten sozialer Organisationen und Redaktionen von Fachzeitschriften. 1965 erschien ihr Buch *Die persönliche Hilfe in der Sozialarbeit. Eine Einführung in die Methode der Einzelfallhilfe* auf Deutsch. Paula Lotmar war mit Marie Kamphuis eng befreundet.

Merton, Robert K. (1910–2003) war ein führender Soziologe an der Columbia University und der 47. Präsident der American Sociological Association. Bekannt geworden ist Merton über die Soziologie hinaus mit seinem Postulat, statt *grand theories* ohne empirische Grundlagen zu entwerfen, sich besser auf ›Theorien mittlerer Reichweite‹ zu konzentrieren, die empirisch fundiert werden können.

Ragaz Nadig, Clara (1874–1957) war eine Frauenrechtlerin, eine Friedensaktivistin und eine Verfechterin des ›Religiösen Sozialismus‹. Sie amtete von 1929–1946 von Zürich aus, wo sie lebte und starb, als Nachfolgerin von Jane Addams im Präsidium der Internationalen Frauenliga für Frieden und Freiheit. Praktisch engagierte sie sich in einer Art Settlement vor Ort für Arbeiterinnen in der Zürcherischen Aussersihl. Unter diesem Aspekt stand auch ihre Tätigkeit als Dozentin an der Sozialen Frauenschule Zürich, wo sie Paula Lotmar als Studentin erlebte.

Richmond, Mary Ellen (1861–1928) leitete die einflussreiche Charity Organization Society (COS) in Baltimore. Die COS waren Organisationen, die Hilfsbedarfe ermittelten und vermittelten. Richmond reformierte das bis anhin von jungen bürgerlichen Frauen geleistete ›Friendly Visiting‹ hin zu einer sorgfältigeren und objektiveren Ermittlungsarbeit, und sie führte ein neues Verständnis der Armut und Hilfsbedürftigkeit ein; insbesondere machte sie die sozialen Umstände für die Armut mitverantwortlich. 1917 veröffentlichte sie ihr Standardwerk, die *Social Diagnosis*, was auch das ›Social Casework‹ begründete.

Salomon, Alice (1872–1948), Sozialreformerin in der deutschen Frauenbewegung und Wegbereiterin der Wissenschaft der Sozialen Arbeit, Gründerin zahlreicher Hochschulen der Sozialen Arbeit, Theoretikerin (*Soziale Diagnostik*) und global bekannte Bildungssystematikerin (*Education for Social Work*, 1935); wurde 1937 von der deutschen Gestapo entpersonalisiert und zur Emigration gezwungen. Sie starb einsam und verkannt in ihrem Exil in New York.

Staub-Bernasconi, Silvia (*1936) ist wohl die bekannteste Schülerin von Paula Lotmar. Sie studierte bei ihr von 1959–1962, und dann, auf ihr Betreiben hin, noch einmal in den USA an der University of Minnesota und an der Columbia University in New York. Schließlich promovierte sie 1983 in Zürich. Ab 1967 lehrte sie im Stab von Paula Lotmar an der Schule für Soziale Arbeit in Zürich, und später bis 2003 an der TU Berlin, wo sie auch den ›Menschenrechts-Master‹ konzipierte. Spätestens ab 1986 prägt sie den Diskurs in der Sozialen Arbeit im deutschsprachigen Raum wie kaum sonst jemand. Vor allem aber baute sie auf den Fundamenten der Lehre von Lotmar mit einer Fülle an Publikationen beständig an einer wissenschaftlich eigenständigen Sozialen Arbeit.

IASSW: Die Internationale Vereinigung der Schulen für Soziale Arbeit ist eine globale Organisation, die sich seit 1928 für die Qualität der Ausbildung, Forschung und Wissenschaft der Sozialen Arbeit einsetzt.

IFSW: Der Internationale Verband der Fachpersonen der Sozialen Arbeit vereinigt 141 Berufsorganisationen aus 128 Ländern mit mehr als 3 Millionen Mitgliedern. Verband und Mitglieder streben soziale Gerechtigkeit und die Verwirklichung der Menschenrechte an; sie wollen mit qualitativ hochstehender Professionalität nachhaltige soziale Entwicklung fördern. Der IFSW wurde 1956 gegründet.

Werkverzeichnis der aufgefundenen Texte von Paula Lotmar

1950 *Case-Work. Menschen in ihren Schwierigkeiten helfen.* Ehemaligenblatt 12/50, S. 9f.

1950 *Die Ausbildung zur Sozialarbeiterin.* Typoskript, Oktober 1950, drei Seiten.

1951 *Ein Signet.* Ehemaligen-Blatt Juni 1951, S. 10f.

1952 *Altersnöte.* Die Frau, August 1952, o. A. (eine Seite).

1952 *Ein Fortbildungskurs zu den Methoden der Sozialen Arbeit.* Fachblatt (?), S. 22f.

1952 *Wie lebt unsere Bergbevölkerung?* Die Frau, Oktober 1952, S. 7f.

1954 *Die Schule für Soziale Arbeit.* Schweizerische Lehrerzeitung, Nr. 9, Februar 1954, S. 200f.

1954 *Frauenwerke: Schule für Soziale Arbeit Zürich.* Die Frau, März 1954, o. A. (eine Seite).

1954 *Mutterliebe in der Frühkindheit.* Die Frau, September 1954, o. A. (eine Seite).

1955 *10 Jahre Stellenvermittlung 1944-1954.* Mitteilungsblatt Ehemalige, Juni 1955, S. 17-20.

1955 *Not durch Invalidität.* Die Frau, Januar 1955, o. A. (zwei Seiten).

1956 *Unser Berufswerkzeug: die Sprache.* Diplomrede. Mitteilungsblatt, o. A., S. 3-7.

1957 *Aus der Schule.* Mitteilungsblatt Ehemalige, Januar 1957, S. 20f.

1957 *Nachwuchsproblem/Werbemöglichkeiten.* Schweizerische Zeitschrift für Gemeinnützigkeit 12/57, S. 270f.

1958 *50 Jahre Schule für Soziale Arbeit Zürich.* Stiftung für das Alter, o. A., S. 49-52.

1958 *Die Schule im Spiegel der Ehemaligen.* Schule für Soziale Arbeit Zürich, o. A., S. 46-58.

1958 *Von der Freizeitgestaltung zur Soziologie.* Mitteilungsblatt Ehemalige, Mai 1958, S. 13f.

1960 ***Beziehung von Mensch zu Mensch***. Diplomrede. o. A., S. 13-17.

1961 ***Wissenschaftliche Forschung in der Sozialen Arbeit***. Zeitschrift für Gemeinnützigkeit, 8/61, o. A.

1961 *Zum Rücktritt von Frl. Dr. Schlatter aus der Schulleitung*. Mitteilungsblatt 3/1961, S. 26f.

1962 ***Gemeinschaftsplanung im Social Work der USA***. Schweizerische Zeitschrift für Gemeinnützigkeit 5/62 (8 Seiten).

1962 ***Gemeinschaftsplanung – eine Aufgabe für die Sozialarbeit***. Typoskript, Nov. 1962 (11 Seiten).

1962 *Gemeinschaftsplanung*. Jahresbericht der Schule für Soziale Arbeit Zürich 61/62, S. 3-9

1963 *Gedanken zur Definition und Funktion der Sozialen Arbeit*. Schweizerische Zeitschrift für Gemeinnützigkeit 5/63, S. 75-90.

1963 ***Gedanken zur Definition und Funktion der Sozialen Arbeit***. SASSA/Sonderdruck (17 Seiten)

1963 ***Neuere Auffassungen und Entwicklungstendenzen in der Sozialen Arbeit***. Typoskript, 7 Seiten.

1964 ***Der bedürftige Mensch in der heutigen Gesellschaft***. Vortrag, Weggis-Tagung, Sept. 64, S. 25-30.

1964 ***Freiwillige Helfer*** – *ein aktuelles Problem der Sozialen Arbeit*. Mitteilungsblatt, Okt., S. 5-15.

1964 *Personalmangel in Heimen: wie man ihn in Holland zu beheben versucht*. VSA, 9/64, S. 245f.

1964 ***Soziologische Konzepte der Sozialarbeit***. Schweizerische Zeitschrift für Gemeinnützigkeit, 12/64, S. 244.

1966 *Das Fachwort: Methoden der Sozialen Arbeit*. Ehemaligenblatt, o. A., 2 Seiten.

1966 *Soziale Arbeit und Öffentlichkeit*. Neue Zürcher Zeitung, 24 Juni 1966, o. A.

1966 ***Soziale Arbeit und Öffentlichkeit***. Sonderdruck Schweizerische Zeitschrift für Gemeinnützigkeit, 8/66, S. 4-14.

1967 *Das Heim als Organisation*. Sonderdruck, o. A., 23 Seiten.

1968 ***Der Beitrag von Soziologie und Sozialpsychologie in der Sozialen Arbeit***. o. A., 10 Seiten.

1969 ***Professionalisierung in der Sozialarbeit***. Der Sozialarbeiter (Düsseldorf) 3/69, S. 4-9.

1969 *Professionalisierung in der Sozialarbeit*. Sozialarbeit-Travail Social. August 69, S. 3-11.

1970 ***Efficiency in der Sozialarbeit***. 1. Teil. Sozialarbeit-Travail Social, Sept. 1970, S. 3-7.

1970 ***Efficiency in der Sozialarbeit***. 2. Teil. Sozialarbeit-Travail Social, Okt. 1970, S. 3-9.

1970 (mit Ruth Brack) *Gedanken zum Praktikum*. Sozialarbeit-Travail Social. Januar 1970, S. 13-17.

1970 *Zielsetzungen bei der Pro Infirmis*. Typoskript. 26 Seiten.

1973 *Sozialarbeiter und Klient im Spannungsfeld Gesetz und Freiheit*. Fortbildungstag SBS, S. 10-22.

1980 *Stellenleitung im Team*. Zur Diskussion Nr. 7, Schule für Soziale Arbeit Zürich. S. 1-4.

1989 *Führen in sozialen Organisationen: Ein Buch zum Nachdenken und Handeln*. Bern: Haupt.

Literaturverzeichnis

Addams, Jane (1915): Democracy and Social Ethics. New York: Macmillan.

Arlt, Ilse (1958): Wege zu einer Fürsorgewissenschaft. Wien: NwVÖ.

AvenirSocial (2011): »Wir haben die Soziale Arbeit geprägt«. Zeitzeuginnen und Zeitzeugen erzählen von ihrem Wirken seit 1950. Bern: Haupt.

Bartlett, Harriett M. (1958): Working Definition of Practice. Social Work 3(2), S. 5–8.

Bartlett, Harriett M. (1961): Analyzing Social Work Practice by Fields. New York: NASW.

Bartlett, Harriett M. (1976): Grundlagen beruflicher Sozialer Arbeit. Integrative Elemente einer Handlungstheorie. Freiburg i.Br.: Lambertus.

Boehm, Werner B. (1959): Objectives of the Social Work Curriculum of the Future. New York: CSWE.

Brack, Ruth (1980): Hommage an Paula Lotmar. Unveröffentlichtes Typoskript der Laudatio anlässlich der Verabschiedung von Paula Lotmar aus dem Schuldienst am 30. September 1980. Bern/Zürich: privat.

Engelke, Ernst (2003): Die Wissenschaft Soziale Arbeit. Werdegang und Grundlagen. Freiburg i.Br.: Lambertus.

Germain, Carel B. & Gitterman, Alex (1999): Praktische Soziale Arbeit. Das ›Life Model‹ der Sozialen Arbeit. Fortschritte in Theorie und Praxis. Stuttgart: Enke.

Hamilton, Gordan (1940): The Theory and Practice of Social Case Work. New York: Columbia University Press.

Hollis, Ernest V. & Taylor, Alice L. (1951): Social Work Education in the United States. New York: Columbia University Press.

Hollis, Florence (1971): Soziale Einzelhilfe als psychosoziale Behandlung. Freiburg i.Br.: Lambertus.

Hollstein, Walter (1973): Hilfe und Kapital. Zur Funktionsbestimmung der Sozialarbeit, in: Walter Hollstein & Marianne Meinhold: Sozialarbeit unter kapitalistischen Produktionsbedingungen (S.167–207). Frankfurt a.M.: Fischer.

Hunziker, Anton (1964): Theorie und Nomenklatur der Sozialen Arbeit. Université de Fribourg. Luzern: Caritas.

Hunziker, Anton (1965): Strukturplan der Sozialarbeitswissenschaft. Université de Fribourg. Luzern: Caritas.

Kamphuis, Marie (1965): Die persönliche Hilfe in der Sozialarbeit unserer Zeit. Eine Einführung in die Methode der Einzelfallhilfe für Praxis und Ausbildung. Stuttgart: Enke.

Merton, Robert K. (1968): Social Theory and Social Structure. New York: The Free Press.

Merton, Robert K. (1971): Social Problems and Sociological Theory, in: Robert K. Merton & Robert Nisbet (Hrsg.): Contemporary Social Problems (S. 793–845). New York: Harcourt.

Müller, C. Wolfgang (1994): Wie Helfen zum Beruf wurde. Eine Methodengeschichte der Sozialen Arbeit. Weinheim: Beltz.

Obrecht, Werner (2001): Das systemtheoretische Paradigma der Disziplin und Profession der Sozialen Arbeit. Zürcher Beiträge zur Theorie und Praxis Soziale Arbeit (Bd. 4). Zürich: Hochschule für Soziale Arbeit.

Obrecht, Werner (2006): Interprofessionelle Kooperation als professionelle Methode. In: Beat Schmocker (Hrsg.): Liebe, Macht und Erkenntnis. Silvia Staub-Bernasconi und das Spannungsfeld Soziale Arbeit (S. 408-445). Freiburg i.Br.: Lambertus.

Portmann, Rahel & Wyrsch, Regula (Hrsg.) (2019): Plädoyers zu Sozialen Arbeit – von Beat Schmocker. Eine menschengerechte Gesellschaft bedarf der Sichtweise der Sozialen Arbeit. Luzern: Interact.

Richmond, Mary Ellen (1917): Social diagnosis. New York: Russell Sage Foundation.

Richmond, Mary Ellen (1922): What is Social Case Work? An Introductory Description, New York: Russell Sage Foundation.

Rickenbach, Walter (1963): Die Sozialarbeit der Schweiz. Eine Einführung. Zürich: Schweizerische Gemeinnützige Gesellschaft.

Salomon, Alice (1926): Soziale Diagnose. Berlin: Heymanns.

Salomon, Alice (2008): Lebenserinnerungen. Frankfurt a.M.: Brandes und Aspel.

Schmocker, Beat (Hrsg.) (2006): Liebe, Macht und Erkenntnis. Silvia Staub-Bernasconi und das Spannungsfeld Soziale Arbeit. Freiburg i.Br.: Lambertus.

Schmocker, Beat (2011): Soziale Arbeit und ihre Ethik in der Praxis. Bern: AvenirSocial.

Sommerfeld, Peter (2006): Das Theorie-Praxis-Problem. In: Beat Schmocker (Hrsg.): Liebe, Macht und Erkenntnis. Silvia Staub-Bernasconi und das Spannungsfeld Soziale Arbeit (S. 289-312). Freiburg i.Br.: Lambertus.

Staub-Bernasconi, Silvia (1986): Soziale Arbeit als eine besondere Art des Umgangs mit Menschen, Dingen und Ideen. Zur Entwicklung einer handlungstheoretischen Wissensbasis Sozialer Arbeit, in: Sozialarbeit (Sonderausgabe), 18,2: S. 2–71.

Staub-Bernasconi, Silvia (1994): Wird die UNO zur Sozialarbeiterin oder wird die Soziale Arbeit zur Menschenrechtsprofession?, in: Olympe. Feministische Arbeitshefte zur Politik, 1,1: S. 82–89.

Staub-Bernasconi, Silvia (2018): Soziale Arbeit als Handlungswissenschaft. Soziale Arbeit auf dem Weg zu kritischer Professionalität. Opladen: Barbara Budrich utb.

UNO (1950): Human Rights for Social Workers in Theory and Practice. New York/Geneva: United Nations.

UNO-Zentrum für Menschenrechte & IFSW/IASSW (1992): Menschenrechte und Soziale Arbeit. Ein Handbuch für Ausbildungsstätten und die Profession der Sozialen Arbeit. Arbeitsmaterialeien 1/97 aus dem Fachbereich Sozialwesen Fachhochschule Ravensburg-Weingarten. Weingarten: Hochschule für Sozialwesen.

Younghusband, Eileen (1949): The Education and Training of Social Workers. Dunfermline: Carnegie United Kingdom Trust.

Andreas Böss-Ostendorf

Wie Seelsorge wirken kann

Impulse für die Praxis

2023 • 164 Seiten • kart. • 20,00 € (D) • 20,70 € (A)
ISBN 978-3-8474-2723-0 • eISBN 978-3-8474-1894-8

Seelsorge wird bei Notfällen, Katastrophen oder in Krisen geleistet. In Krankenhäusern, Altenheimen, Schulen, Betrieben, Gefängnissen, Universitäten, Flüchtlingsunterkünften oder als Telefonseelsorge ist sie Teil des gesellschaftlichen Care-Systems. Sie wird als Disziplin der sozialen Arbeit genutzt und anerkannt. Aber es besteht auch eine gewisse Skepsis: Seelsorge? Kann nicht schaden – aber ob sie auch hilft? Wie wirkt Seelsorge überhaupt?

www.shop.budrich.de

Claudia Rademacher

Habitus-Milieu-Reflexivität

Schlüsselqualifikation herrschaftskritischer Sozialer Arbeit

2023 • 195 S. • kart. • 29,90 € (D) • 30,80 € (A)
ISBN 978-3-8474-2932-6 • eISBN 978-3-8474-1746-0

Verstehen und professionelles Reflektieren der milieubedingten Lebensstile sind notwendig, um im Kontext sozialer Ungleichheitsverhältnisse die Soziale Arbeit nachhaltiger zu gestalten und zu professionalisieren. Auf Basis dieser Kernthese zielt die Autorin darauf ab, Habitus-Milieu-Reflexivität als Schlüsselqualifikation verstehbar und anwendbar zu machen. Ein wichtiges Buch, das aus ungleichheitssoziologischer Perspektive das Selbstverständnis Sozialer Arbeit zu schärfen vermag.

www.shop.budrich.de